犬《いぬ》と戦争《せんそう》

がれきの町《まち》に 取《と》り残《のこ》されたサーシャ

舟崎泉美《ふなさきいずみ》・作
山田《やまだ》あかね・原案
あやか・挿絵

角川つばさ文庫

もくじ

この本《ほん》に登場《とうじょう》する犬《いぬ》と人間《にんげん》たち

サーシャ

ソフィアの誕生日《たんじょうび》に
やってきた子犬《こいぬ》。
ソフィアのことが大好《だいす》き！

ソフィア

ヨーロッパの国《くに》・
ウクライナのキーウに
住《す》んでいる、
10歳《さい》の女《おんな》の子《こ》。

ソフィアのパパとママ

サーシャの飼《か》い主《ぬし》・
ソフィアの両親《りょうしん》。

トミー

イギリスの元兵士《もとへいし》。
戦地《せんち》で動物《どうぶつ》を救《すく》う活動《かつどう》をしている。

カテリーナ

迷《まよ》い犬《いぬ》を保護《ほご》する
シェルターを切《き》り盛《も》りしている
おばあさん。

マルコ

戦争《せんそう》で飼《か》い主《ぬし》と
はぐれてしまった子犬《こいぬ》。
サーシャの友《とも》だち。

プロローグ

ひゅうっと、冷《つめ》たい風《かぜ》が、雪《ゆき》でぬれた体《からだ》に吹《ふ》き付《つ》けた。

あまりの寒《さむ》さに、全身《ぜんしん》がきゅっと痛《いた》くなって、思《おも》わずくーんと声《こえ》を出《だ》してしまう。

「ソフィア……ソフィア……」

ソフィアとはなればなれになったぼくは、ソフィアの名前《なまえ》を呼《よ》びながら、見知《みし》らぬ町《まち》を歩《ある》いた。

寒《さむ》いのは、ぼくだけじゃない。

きっとぼくの飼《か》い主《ぬし》のソフィアも、どこかで寒《さむ》さにこごえているはずだ。

ソフィアのことを思《おも》い出《だ》すと、『サーシャ』って、やさしくぼくの名前《なまえ》を呼《よ》んでくれる声《こえ》が聞《き》こえた気《き》がした。

ソフィアはもともと病気《びょうき》がちで、体《からだ》があまりじょうぶじゃない。だから、今《いま》すぐにでもそばに行《い》って、あたためてあげたいのに。

ソフィアはいま、どこにいるんだろう。

足《あし》を止《と》め、顔《かお》を上《あ》げて、あたりを見回《みまわ》す。

家《いえ》やビル、あらゆる建物《たてもの》がミサイルで壊《こわ》されて、がれきの町《まち》みたいだ。

だれもいなくて、聞《き》こえるのは、冷《つめ》たい風《かぜ》の音《おと》だけ。

きのうまで、この町《まち》にも、きっとたくさんの人《ひと》がいて、たくさんの生活《せいかつ》があって、たくさんの笑《わら》い声《ごえ》であふれていたはずだ……。

でも、とつぜんミサイルが飛《と》んできて、すべてが変《か》わってしまった。

いったい、なにが起《お》こったんだろう。どうして、こうなってしまったんだろう。

子犬《こいぬ》のぼくには、なにもわからない。

だけど、ソフィアを探《さが》さなきゃ。見《み》つけて、あたためてあげなきゃ。

そう思《おも》って、一歩《ぽ》踏《ふ》み出《だ》したとき。

いてっ……！

右《みぎ》の肉球《にくきゅう》に、するどい痛《いた》みを感《かん》じた。
おそるおそる足《あし》の裏《うら》を見《み》ると、ガラスのかけらが刺《さ》さっていた。
きっと、壊《こわ》された家《いえ》の窓《まど》ガラスだ。
いたい……いたいよ……！
寒《さむ》くて、おなかがすいていて、足《あし》をケガして、もう歩《ある》けない。
でも、ここでソフィアを探《さが》すのをあきらめたりなんて、ぜったいにできない。
ぼくはこぼれ落《お》ちそうになる涙《なみだ》をがまんして、また、がれきの中《なか》を歩《ある》き始《はじ》める。
と、そのとき、どこからか声《こえ》が聞《き》こえた気《き》がした。
「だれかいるの？」

声《こえ》のするほうに顔《かお》を向《む》けると、長《なが》い髪《かみ》の小《ちい》さな女《おんな》の子《こ》の後《うし》ろ姿《すがた》が見《み》えた。

「ソフィア！」

きっと、ソフィアだ。よかった、ソフィアを見《み》つけた！

ぼくは、「わおーん！」と大《おお》きな声《こえ》で鳴《な》いた。

女《おんな》の子《こ》が、ぼくの声《こえ》に気《き》づいて振《ふ》り返《かえ》る。

「ソフィア……じゃない……」

ソフィアに似《に》ていたのは、長《なが》い髪《かみ》だけ。

そこにいたのは、知《し》らない女《おんな》の子《こ》だった。

女《おんな》の子《こ》は一瞬《いっしゅん》だけ足《あし》を止《と》めたけど、ぼくにかまわず、

「ママーっ！　ママーっ!!」

と、呼《よ》びかけながら遠《とお》ざかっていく。

あの女《おんな》の子《こ》も、お母《かあ》さんと……大切《たいせつ》な家族《かぞく》と、はなればなれになっちゃったのかな。

はなればなれになるって、つらいよね。

じわっと悲《かな》しい気持《きも》ちがわきあがりそうになって、ぼくはあわてて歩《ある》き出《だ》した。

ついこのあいだまでのぼくは、ソフィアといっしょにすごす日々《ひび》が、ずーっと続《つづ》くと信《しん》じてた。

あの日々《ひび》を取《と》りもどすためにも、まずは、ソフィアを見《み》つけなくちゃ。

もう少《すこ》し、がんばろう。自分《じぶん》で自分《じぶん》をはげましていた、そのとき。

とつぜん、低《ひく》くうなるような音《おと》が、空《そら》から聞《き》こえてきた。

なんだろう？

そう思《おも》って顔《かお》を上《あ》げると、少《すこ》しおくれて、

ドーーン！！！


と、大《おお》きな音《おと》を立《た》てて、地面《じめん》がビリビリとゆれた。

ソフィアとはぐれてしまったときと同《おな》じだ。

近《ちか》くに、ミサイルが落《お》ちてきたんだ！

逃《に》げなきゃ……！

ウ――――!!

考《かんが》える間《ま》もなく、大《おお》きなサイレンが鳴《な》った。

その瞬間《しゅんかん》、ドン！！！　とにぶい音《おと》が響《ひび》いて、爆風《ばくふう》がぼくの体《からだ》を吹《ふ》き飛《と》ばす。

ふわっと宙《ちゅう》に体《からだ》が浮《う》いたかと思《おも》うと、すぐ地面《じめん》にたたき付《つ》けられた。

「うっ……！」

体《からだ》じゅうが痛《いた》くてたまらない。くるしくて、息《いき》ができない。

「ソフィア……ソフィア……」

世界《せかい》で一番大好《いちばんだいす》きな名前《なまえ》を呼《よ》びながら、ぼくの意識《いしき》はだんだんと遠《とお》くなっていった。

1　ずっと、いっしょだよ

ぼくが、飼《か》い主《ぬし》のソフィアと暮《く》らしているのは、ヨーロッパにある、ウクライナっていう国《くに》の首都《しゅと》・キーウ。

夏《なつ》は花畑《はなばたけ》いっぱいに、『ひまわり』っていう、大《おお》きな黄色《きいろ》い花《はな》が満開《まんかい》になるんだって。

ぼくはまだ見《み》たことがないけれど、去年《きょねん》、パパとママ、ソフィアの三人《にん》でひまわり畑《ばたけ》に行《い》ったときの写真《しゃしん》を見《み》せてくれたんだ。

青《あお》い空《そら》と黄色《きいろ》いお花《はな》が、本当《ほんとう》にきれいだったなあ。

「夏《なつ》になったら、パパの車《くるま》で、ひまわり畑《ばたけ》につれてってもらおうね」

って、ソフィアが約束《やくそく》してくれたから、夏《なつ》になるのが、今《いま》からたのしみ！

そのいっぽうで、冬《ふゆ》は雪《ゆき》が降《ふ》って、風《かぜ》が強《つよ》くて、とても寒《さむ》い。

でも、どんなに寒《さむ》くても、大好《だいす》きなソフィアといっしょにいられれば、へっちゃらだ。

二月《がつ》のはじめごろ、寒《さむ》いくもり空《ぞら》の日《ひ》。
さんぽ中《ちゅう》に、ソフィアはぼくをぎゅっと抱《だ》き上《あ》げてくれた。
ソフィアの腕《うで》の中《なか》は、あったかくて、いいにおいがする。
うれしくなって、ぼくは思《おも》わずソフィアのほっぺをペロッとなめた。
「ははっ、くすぐったいよ。サーシャ！　やめてやめて！」
口《くち》ではやめてって言《い》ってるけれど、ソフィアはすごくうれしそうな笑顔《えがお》。
だからぼくはやめずに、甘《あま》えるように、ペロペロとほっぺをなめ続《つづ》けた。
「ソフィア、大好《だいす》きだよ！」
ぼくはソフィアに何度《なんど》も伝《つた》える。
ソフィアには犬《いぬ》の言葉《ことば》はわからない。
きっと、ぼくがきゃんきゃん鳴《な》いてるようにしか聞《き》こえないと思《おも》う。
でも、ぼくの気持《きも》ちは伝《つた》わってるはずだ。

「サーシャ大好《だいす》き！　ずっといっしょだよ」

ほらね、伝《つた》わってるでしょ。

ぼくたちは、心《こころ》と心《こころ》でつながってるんだ。

さんぽから家《いえ》に帰《かえ》っても、ぼくたちはずっといっしょだった。

あたたかな暖炉《だんろ》の前《まえ》にあるソファが、ぼくとソフィアのお気《き》に入《い》りの場所《ばしょ》。

ソファに座《すわ》ったソフィアは、ぼくをひざに乗《の》せて頭《あたま》をなでてくれた。

ソフィアの手《て》のやさしい温《ぬく》もりは、出会《であ》ったときから、ずっと変《か》わらない。

◆◆◆

ぼくとソフィアの出会《であ》いは、運命《うんめい》なんだって。

ソフィアのパパに聞《き》いた話《はなし》だと、ソフィアは小《ちい》さいときから、体《からだ》が弱《よわ》くて、すぐに風邪《かぜ》をひいたり、おなかが痛《いた》くなったりして、体調《たいちょう》が悪《わる》い日《ひ》が続《つづ》いてた。

心配《しんぱい》したソフィアのパパは、ソフィアのためにいろんなことを試《ため》したみたい。

栄養《えいよう》のつくごはんを作《つく》ったり、外《そと》でソリやスキーで思《おも》い切《き》り遊《あそ》んで体《からだ》を動《うご》かしたり……。

でも、なにをしても、ソフィアは病気《びょうき》がちだった。

そんなときに、ソフィアのパパは、動物病院《どうぶつびょういん》で『子犬《こいぬ》の里親募集《さとおやぼしゅう》』の貼《は》り紙《がみ》を見《み》つけたんだ。

パパは、ソフィアを元気《げんき》づけたくて、子犬《こいぬ》だったぼくを家《いえ》に連《つ》れて帰《かえ》った。

あの日《ひ》は、ソフィアの十歳《さい》の誕生日《たんじょうび》だったね。

「今日《きょう》はソフィアの特別《とくべつ》な日《ひ》だ。だからね、ソフィアに特別《とくべつ》な出会《であ》いを用意《ようい》したんだ」

そう言《い》って、パパは、ケージの中《なか》にいたぼくを抱《だ》き上《あ》げて、ソフィアに手渡《てわた》した。

ソフィアはすごくうれしそうに笑《わら》って、ぎゅっとハグしてくれたよね。

「折《お》れた耳《みみ》も、まんまるの目《め》も、黒《くろ》と白《しろ》のほわほわした毛並《けな》みも、ぜんぶ、ぜーんぶ、かわいい！」

「なんて名前《なまえ》をつけてあげようか？」

「うーんとね……サーシャ！　この子《こ》の名前《なまえ》は、サーシャにするわ！」

ソフィアはぼくを、ずっと抱《だ》きしめてはなさなかった。

あのときのあたたかさを、ぼくは今《いま》でも忘《わす》れてないよ。

あの日《ひ》から、ぼくの毎日《まいにち》は幸《しあわ》せになったんだから。

ソフィアは、あるとき、ぼくに、赤《あか》い首輪《くびわ》をつけてくれたよね。

「かわいい！　すごく似合《にあ》ってるよ、サーシャ。この首輪《くびわ》は目印《めじるし》になるね。もし、迷子《まいご》になっても、すぐに見《み》つけられるよ」

革《かわ》でできた首輪《くびわ》には、ぼくの「サーシャ」っていう名前《なまえ》が彫《ほ》りこんである。

ソフィアはぼくに、はじめてのプレゼントをくれた。

かっこいい名前《なまえ》に、すてきな首輪《くびわ》。

ほんとうにうれしくて、ぼくは今《いま》でもずっと大事《だいじ》にしてるんだ。

ぼくとソフィアは、いつもそばにいた。

寝《ね》るときも、遊《あそ》ぶときも、ごはんを食《た》べるときも、いつもいっしょ。

ぼくと出会《であ》ってから、ソフィアは笑顔《えがお》が増《ふ》えて元気《げんき》になった。

風邪《かぜ》も、そんなにひかなくなった。

だから、ソフィアのパパとママは、ぼくとソフィアの出会《であ》いを運命《うんめい》だって言《い》ってるんだ。

ぼくも、そう思《おも》ってるよ。

ぼくとソフィアは、出会《であ》うべくして出会《であ》ったってね。

◆◆◆

こんな幸《しあわ》せな毎日《まいにち》が、ずっと続《つづ》くと思《おも》ってたのに。

最近《さいきん》、ちょっとずつ、不安《ふあん》なことがふえてきた。

いつもおだやかな笑顔《えがお》のソフィアのパパとママが、落《お》ちこんだ顔《かお》で話《はな》していたのを聞《き》いてしまったんだ。

「そろそろかしら……」

「いざというときのために、準備《じゅんび》をしておいたほうがいいかもな」

パパもママも、これまでに見《み》たこともないような、こわい顔《かお》をしている。

最近《さいきん》、さんぽのときに町《まち》で見《み》かける人《ひと》と同《おな》じ、不安《ふあん》そうな、くもった顔《かお》。

ぼくはいつも通《どお》り、暖炉《だんろ》の前《まえ》のソファで、ソフィアのひざの上《うえ》に乗《の》る。

ちらりとソフィアの顔《かお》を見上《みあ》げると、二人《ふたり》の話《はなし》を聞《き》いていたからかな。ちょっと不安《ふあん》そうな顔《かお》をしている。

ぼくはソフィアを元気《げんき》づけたくって、小《ちい》さな手《て》の甲《こう》をペロッとなめた。

ソフィアはびっくりしてぼくを見《み》て、だいじょうぶだよ、というように、ほほえんでくれた。

なにか、こわくて大変《たいへん》なことが、起《お》ころうとしている。

けど、きっとだいじょうぶ。
ソフィアといっしょにいれば、なんだって乗《の》り越《こ》えられる。
そう信《しん》じていたんだ。

2　ミサイルが落《お》ちてきた日《ひ》

ウ―――ッ！

とつぜん、さわがしい音《おと》が、町中《まちじゅう》に響《ひび》いた。

ぼくは大《おお》きな音《おと》におどろいて、あたたかなベッドで飛《と》び起《お》きた。

いったい、なにが起《お》きたの⁉

窓《まど》の外《そと》を見《み》てみると、まだ暗《くら》い。

夜明《よあ》け前《まえ》、みんながぐっすりと眠《ねむ》りこんでいるはずの時間《じかん》だ。

こんな時間《じかん》に、なにがあったんだろう……？

体《からだ》をこわばらせていると、となりで眠《ねむ》っていたソフィアも目《め》を覚《さ》ます。

「ん～……サーシャ、どうしたの？」

ソフィアが寝《ね》ぼけた目《め》をこすっていると、ドーンッ！　と雷《かみなり》が落《お》ちたような音《おと》が聞《き》こえた。

思《おも》わず、体《からだ》がびくりと跳《は》ね上《あ》がる。

「……なんの音《おと》？」

大《おお》きな音《おと》は、二回《かい》、三回《かい》と続《つづ》いて、だんだんとぼくたちに近《ちか》づいてきた。

音《おと》が鳴《な》るたびに、ぼくの体《からだ》はびくっと飛《と》び上《あ》がる。

ソフィアは、おびえるぼくの体《からだ》を、ぎゅっと抱《だ》きしめてくれた。

「サーシャは、こわがりだもんね。だいじょうぶだよ。わたしがいるから心配《しんぱい》しないで」

「く～ん……」

ソフィアの胸《むね》に顔《かお》をうずめると、心臓《しんぞう》がドキドキと鳴《な》っているのが聞《き》こえる。

ソフィアも、こわいんだ。

ぼくは、ソフィアのほっぺをペロッとなめた。

「……ありがとう、サーシャ」

そう言《い》って、ソフィアはぼくをやさしくなでる。

ぼくたちが、不安《ふあん》を分《わ》かち合《あ》うように、ぴったりとよりそっていると、バン！　と部屋《へや》のとびらを開《あ》けて、パパとママが入《はい》ってきた。

「ソフィア、サーシャ……だいじょうぶ。だいじょうぶよ」

パパとママが、ベッドの中《なか》のぼくとソフィアごと、さらに大《おお》きな腕《うで》でつつみこんで、抱《だ》きしめてくれた。

どのぐらい、そうしていただろう。大《おお》きな音《おと》は、少《すこ》しずつ遠《とお》ざかっていった。

「……通《とお》り過《す》ぎたか……？」

音《おと》がほぼ聞《き》こえなくなったころ、パパがつぶやいた。

パパとママ、そしてソフィアと、ソフィアに抱《だ》きかかえられたぼく。家族全員《かぞくぜんいん》で、二階《かい》にあるソフィアの部屋《へや》から、一階《かい》のリビングに向《む》かう。

テレビをつけると、ニュースが放送《ほうそう》されていた。

「ロシアの侵攻《しんこう》が開始《かいし》しました」

「キーウにミサイルが落《お》ち、現在《げんざい》も攻撃《こうげき》は続《つづ》いています」

ニュースキャスターが、真剣《しんけん》な表情《ひょうじょう》で話《はな》している。

ミサイル……？

はじめて聞《き》いた言葉《ことば》だった。

でも、テレビのキャスターの顔《かお》を見《み》ると、それが、とてつもなく恐《おそ》ろしいものなんだって、わかった。

「戦争《せんそう》だ……」

パパがつぶやいた。

パパの横《よこ》でママは、ぼうぜんと立《た》ち尽《つ》くしていた。

ソフィアは、ぼくを強《つよ》く抱《だ》いて、心配《しんぱい》そうにテレビを見《み》つめている。

戦争《せんそう》……？

わからないけれど、とんでもないことが起《お》こっていることだけは理解《りかい》できた。

そのあとも、ドンッ！　というさわがしい音《おと》は、大《おお》きくなったり小《ちい》さくなったりをくり返《かえ》しながら、ずっと続《つづ》いた。

こわい。いやだ……。この音《おと》、早《はや》く止《や》んで！

ぼくはソフィアの腕《うで》の中《なか》で、そう願《ねが》っていた。

◆　◆　◆

やがて、空《そら》が明《あか》るくなってきた。夜《よる》が明《あ》けたんだ。

外《そと》はもう、静《しず》かになっていた。

パパがママに言《い》った。

「このあと、おそらく、流通《りゅうつう》が止《と》まって、いろいろなものが手《て》に入《はい》らなくなるだろう。いまのうちに、買《か》い足《た》しておかなければならないものは、なにかあるかい？」

「きのう、ミルクを買《か》い忘《わす》れてしまったわ……」

ソフィアが大好《だいす》きなあたたかいホットココアを作《つく》るために、冬《ふゆ》の間《あいだ》、ママはいつも冷蔵《れいぞう》庫《こ》にミルクをおいているんだ。

パパは、ママの言葉《ことば》にうなずいて、

「スーパーマーケットが開《ひら》いたら、ミルクと、そのほかの必要《ひつよう》なものを買《か》いに行《い》こう。また爆撃《ばくげき》があったら大変《たいへん》だ。みんなでいっしょに行動《こうどう》しよう。いいね？」

パパの言葉《ことば》に、ソフィアはこくんとうなずいた。

◆

◆

◆

パパとママ、ソフィアとぼくは、連《つ》れだって外《そと》に出《で》た。

ザクザクと突《つ》き刺《さ》さるような、冷《つめ》たい風《かぜ》が吹《ふ》いている。

二月《がつ》のウクライナは、とっても寒《さむ》い。

白《しろ》い息《いき》を吐《は》きながら町《まち》を歩《ある》いていると、冷《つめ》たい空気《くうき》の中《なか》に、ほんのりとこげくさいにおいが混《ま》ざる。

このにおいは、なんだろう？

ぼくは鼻先《はなさき》で探《さぐ》るように、においの先《さき》を見上《みあ》げる。

いつも見《み》なれたマンションの上半分《うえはんぶん》が、大《おお》きなバケモノに食《た》べられたみたいに、えぐりとられていた。

マンションの下《した》には、粉々《こなごな》になったコンクリートが散《ち》らばっている。

マンションのがれきだけじゃない。黒《くろ》こげになったベッドやソファ、お鍋《なべ》や、子《こ》どものおもちゃまである。

「ミサイルが落《お》ちたんだ……」

ソフィアがぼうぜんと、上半分《うえはんぶん》がえぐられたマンションを見上《みあ》げてつぶやいた。

これが、ミサイルの落《お》ちたあと？

大《おお》きな建物《たてもの》が、ぐちゃぐちゃに壊《こわ》れて、燃《も》えてしまっているのが、ミサイルのせい？

ミサイルって、こんなにひどいことをするものなの……!?

「サーシャ、気《き》を付《つ》けて!!」

ぼくは、ソフィアの叫《さけ》び声《ごえ》にハッとした。

足下《あしもと》を見《み》ると、割《わ》れたガラスが散《ち》らばっていた。

上《うえ》を見《み》ながら歩《ある》いていたから、気《き》づかなかったんだ。

「あぶないよ。ケガしないように、注意《ちゅうい》していこうね」

ソフィアは、ガラスを踏《ふ》まないように、ぼくをそっと抱《だ》きかかえた。


近所《きんじょ》のマンションだけじゃなくて、ほかにも、お店《みせ》や家《いえ》やビルも、めちゃくちゃに壊《こわ》されていた。建物《たてもの》は無事《ぶじ》でも、衝撃《しょうげき》で窓《まど》が割《わ》れて、壁《かべ》がくずれた家《いえ》もたくさんあった。

火事《かじ》も起《お》きていたみたいで、町《まち》のあちこちでけむりがくすぶっている。

いろんな場所《ばしょ》にミサイルが落《お》ちて、ぼくの知《し》っている町《まち》は、もう、どこにもなかった。

スーパーマーケットにようやくたどりつくと、店《みせ》の前《まえ》には、今《いま》まで見《み》たこともないような、長《なが》い行列《ぎょうれつ》ができていた。

「すごい人《ひと》……」

ソフィアがおどろいた顔《かお》で言《い》った。

「みんな、必要《ひつよう》なものを買《か》いにきたのね。とにかくならびましょう」

ママは覚悟《かくご》を決《き》めたように、行列《ぎょうれつ》の一番後《いちばんうし》ろにならんだ。

列《れつ》は、進《すす》んでは止《と》まって、進《すす》んでは止《と》まってをくり返《かえ》している。

ならんだ人《ひと》たちは、いらだったり、不安《ふあん》で泣《な》きそうな顔《かお》だったりをしていた。

一時間《じかん》ぐらいして、ようやくスーパーの中《なか》へ入《はい》れた。

ママはまっさきにミルクの棚《たな》へ行《い》ったけれど、

「空《から》っぽだわ」

残念《ざんねん》そうに、つぶやいた。

ミルクのパックは、もうひとつも残《のこ》っていなかった。

ミルクだけじゃない、棚《たな》の商品《しょうひん》は、すでにほぼなくなっていた。

ソフィアのお気《き》に入《い》りの甘《あま》いキャンディも、ぼく専用《せんよう》のミルク入《い》りのパンも、どこにも見当《みあ》たらなかった。

いつものスーパーマーケットのようすとは、ぜんぜん違《ちが》う。

ぼくは、ソフィアやママと、何度《なんど》も買《か》い物《もの》に来《き》たことを思《おも》い出《だ》していた。


「ソフィア、夕飯《ゆうはん》はなにがいいかしら？」

「今日《きょう》はホルブツィ（ロールキャベツに似《に》た、ウクライナの伝統料理《でんとうりょうり》）が食《た》べたいなぁ！」

「じゃあ、キャベツを買《か》わなきゃね。サーシャも食《た》べたいものある？」

「わおーん！」

「ふふっ、元気《げんき》なお返事《へんじ》ねえ。今日《きょう》も、ミルク入《い》りのパンかしら？」

「わんわんわん！」


ついこの間《あいだ》のことなのに、なんだかとても、遠《とお》いむかしのことのように思《おも》えた。

あの楽《たの》しかった時間《じかん》には、いつ戻《もど》れるんだろう。

結局《けっきょく》、ぼくたちは、なにも買《か》えないまま、スーパーマーケットを後《あと》にした。

スーパーマーケットからの帰《かえ》り道《みち》、町《まち》のいろんなところで行列《ぎょうれつ》を見《み》かけた。

消防車《しょうぼうしゃ》から水《みず》をもらうためにならぶ人《ひと》。

薬《くすり》を求《もと》めて薬局《やっきょく》にならぶ人《ひと》……。

きのうまで当《あ》たり前《まえ》に手《て》に入《はい》っていたものが、急《きゅう》になくなってしまったみたいだ。

さっき見《み》た、スーパーマーケットのからっぽの棚《たな》を思《おも》い出《だ》す。

水《みず》も、ごはんも、いつなくなってしまっても、おかしくないんだ。

「この町《まち》はウクライナの首都《しゅと》だから、きっとこのあとも攻撃《こうげき》を受《う》けるだろう。住《す》み続《つづ》けるのは、むずかしいかもしれないな……」

「ええ、そうね……町《まち》を出《で》て、ソフィアとサーシャを、安全《あんぜん》なところに移動《いどう》させましょう」

パパとママが、暗《くら》い顔《かお》で話《はな》し出《だ》した。

パパが、ママに提案《ていあん》した。

「ソフィアとサーシャを連《つ》れて、となりの国《くに》……ポーランドへ向《む》かってくれ」

「わかったわ。急《いそ》いで国境《こっきょう》の町《まち》に行《い》かないと」

この町《まち》を、出《で》ていくの？

ソフィアと出会《であ》って、いっしょにすごしたこの町《まち》から、あたたかい暖炉《だんろ》のあるお家《うち》から、行《い》ったこともない、知《し》らない、となりの国《くに》まで行《い》かなきゃいけないの……？

ぼくは、わん、と小《ちい》さく鳴《な》いて、すがるような気持《きも》ちで、ぼくを抱《だ》いたソフィアの顔《かお》を見上《みあ》げた。

ソフィアは、ぼくを抱《だ》く腕《うで》にぎゅっと力《ちから》をこめる。

いつもなら、それでとってても安心《あんしん》できるのに。

でも、今日《きょう》、ぼくの胸《むね》は、ずっとざわついたままだった。

3　さよなら、我《わ》が家《や》

家《いえ》に戻《もど》ったぼくたちは、急《いそ》いで町《まち》を出《で》る準備《じゅんび》をした。

パパは、外《そと》で車《くるま》の点検《てんけん》を始《はじ》めた。

ママは、部屋《へや》の中《なか》で、テキパキとカバンに荷物《にもつ》を詰《つ》め込《こ》んでいく。

その横《よこ》でソフィアは、ゆっくりと荷物《にもつ》を詰《つ》め込《こ》んでいた。

ソフィアの大好《だいす》きなくまのぬいぐるみ、フリルがついたお気《き》に入《い》りのワンピース、ぼくが毎日《まいにち》、お昼寝《ひるね》に使《つか》っていたふわふわの毛布《もうふ》……。

ソフィアは、どれもこれも、大切《たいせつ》そうにカバンに詰《つ》める。

そのゆっくりとした動《うご》きを見《み》ていると、きっとソフィアもこの町《まち》を出《で》たくないんだろうなって分《わ》かった。

だってこの町《まち》には、ソフィアの友《とも》だちがたくさんいるし、ぼくといっしょにおさんぽした、すてきな公園《こうえん》だってある。

お家《うち》には、お気《き》に入《い》りの暖炉前《だんろまえ》のソファがある。

それなのに、とつぜん、町《まち》を、家《いえ》を、出《で》ていかなきゃいけないなんて。

この家《いえ》に残《のこ》ったら、またミサイルが飛《と》んでくるかもしれないから、仕方《しかた》ないって、わかってはいる。

なんで、ミサイルを飛《と》ばしたりなんてするんだろう。

どうして、ぼくたちの町《まち》が壊《こわ》されたりしなきゃいけないんだろう。

荷物《にもつ》がカバンに詰《つ》め込《こ》まれていくたびに、さびしくて、悲《かな》しくて、くやしい気持《きも》ちがふくらんだ。

いろんな気持《きも》ちがごちゃまぜになって、ぼくは、くーんと鳴《な》きながら、床《ゆか》に伏《ふ》せた。

ふと、なにかに気《き》づいて、ソフィアがママに言《い》った。

「パパは？　パパの荷物《にもつ》はなんで入《い》れないの？」

たしかに、ママがカバンに詰《つ》めているのは、ママとソフィアの荷物《にもつ》ばかり。

パパの服《ふく》や持《も》ち物《もの》は、なにも入《はい》っていない。

「それはね……」

ママは、それだけ言《い》って、言葉《ことば》につまってしまった。

「パパは、ソフィアたちといっしょには行《い》けないんだ」

外《そと》にいたはずのパパがやってきて、ソフィアの目《め》の前《まえ》に座《すわ》った。

パパが、いっしょに行《い》けない？　どうして？

だって、この町《まち》には、ミサイルが飛《と》んでくるのに？

ふしぎに思《おも》っていると、ソフィアも言《い》った。

「どうして？　この町《まち》は危険《きけん》なんでしょう？　パパもいっしょに行《い》こうよ！」

パパはソフィアの目《め》を見《み》て、やさしい声《こえ》で、ゆっくりと言《い》った。

「パパはここに残《のこ》って、ミサイルが落《お》ちてこない平和《へいわ》な国《くに》を取《と》りもどすために、戦《たたか》うんだ」

ママも言《い》った。

「十八歳《さい》から六十歳《さい》までの男《おとこ》の人《ひと》は、みんな、国《くに》から出《で》てはいけないことに決《き》まったの。『総動員令《そうどういんれい》』っていうのよ。だから、となりの国《くに》には、ママとソフィア、サーシャの三人《にん》で行《い》くわ」

「そっ、そんな……！」

ソフィアは信《しん》じられないみたいだった。

ぼくも同《おな》じ気持《きも》ちだった。

「はなれるのはしばらくの間《あいだ》だけさ。パパは、この国《くに》を守《まも》る。お前《まえ》たちが安心《あんしん》して帰《かえ》って来《こ》られるようにな」

パパの言葉《ことば》を聞《き》いて、ぼくはくぅんと悲《かな》しい声《こえ》を出《だ》してしまう。

大好《だいす》きなパパと、はなればなれになるのはイヤだ。

パパは悲《かな》しいのに、心配《しんぱい》させないように、わざと笑顔《えがお》を作《つく》っているみたいだ。

ぼくはくんくんと鼻《はな》を鳴《な》らしながら、パパのズボンのすそを引《ひ》っ張《ぱ》った。

「なんだ？　サーシャ、さみしいのか？　でも、だいじょうぶだよ。またいつもの日常《にちじょう》に戻《もど》れるさ。信《しん》じていれば、きっとな」

パパは笑《わら》った。

「パパ……」

パパの笑顔《えがお》を見《み》て、ソフィアもぐっと涙《なみだ》をこらえる。

いつまでも悲《かな》しい顔《かお》を見《み》せてたら、パパだって辛《つら》くなるよね。

ぼくは、パパのズボンからそっとはなれた。

「サーシャ、ソフィアをたのんだよ」

パパはぼくの頭《あたま》をなでてくれた。

ソフィアの小《ちい》さな手《て》とは違《ちが》って、パパの手《て》はゴツゴツしてて、大《おお》きい。

パパの手《て》の温《ぬく》もりと、これからしばらくお別《わか》れするんだと思《おも》うと、すごくさみしかった。

◆◆◆

準備《じゅんび》を終《お》えたぼくたちは、外《そと》に出《で》て、車《くるま》に向《む》かった。

パパは、となりの国《くに》・ポーランドとの国境《こっきょう》の町《まち》まで、車《くるま》で送《おく》ってくれることになった。

だから、まだしばらく、いっしょにいられる。

パパは荷物《にもつ》を次々《つぎつぎ》と車《くるま》のトランクに積《つ》み込《こ》んでいく。

ほんとうに、この家《いえ》を出《で》て、遠《とお》いとなりの国《くに》へ行《い》くんだね……。

車《くるま》の中《なか》に荷物《にもつ》が積《つ》み込《こ》まれていくたびに、心《こころ》はさみしさでいっぱいになる。

みんなでいっしょにすごしたこの家《いえ》から、離《はな》れたくなんてないよ。

そう、思《おも》ったときだった。

ウ————ッ！

再《ふたた》び、けたたましい音《おと》で、サイレンが鳴《な》った。

「空襲警報《くうしゅうけいほう》だ！」

パパの叫《さけ》びに、ママが答《こた》えた。

「地下室《ちかしつ》に避難《ひなん》したほうがいいかしら？」

「いや、一刻《いっこく》も早《はや》く町《まち》を出《で》よう！　ソフィア、サーシャ、早《はや》く車《くるま》に乗《の》れ！」

パパは、ソフィアとぼくを急《せ》かした。

ぼくはソフィアに抱《かか》えられ、後部座席《こうぶざせき》に飛《と》び乗《の》った。

続《つづ》けて、パパは運転席《うんてんせき》に、ママは助手席《じょしゅせき》に乗《の》った。

「みんな乗《の》ったか？　行《い》くぞ！」

パパは思《おも》い切《き》りアクセルペダルを踏《ふ》んだ。

みんなですごした家《いえ》との別《わか》れを惜《お》しむ間《ま》もなく、車《くるま》はぐんぐんと進《すす》んでいく。

ソフィアは車《くるま》の窓《まど》を開《あ》けて、ぼくたちの家《いえ》を振《ふ》り返《かえ》る。

ぼくも体《からだ》を乗《の》り出《だ》して、窓《まど》の外《そと》をのぞく。

ぼくらの家《いえ》が小《ちい》さくなっていく……。

心《こころ》に残《のこ》っている、あたたかなあの家《いえ》のぬくもりが消《き》えないように、ぼくはそっとソフィアによりそった。

◆
◆
◆

車《くるま》に乗《の》って、三時間《じかん》。

ぼくたちの車《くるま》の前《まえ》には、赤《あか》いブレーキランプを光《ひか》らせたたくさんの車《くるま》が、列《れつ》になっていた。

車《くるま》で町《まち》を脱出《だっしゅつ》したのは、ぼくたちだけじゃない。

たくさんの人《ひと》が車《くるま》に乗《の》って町《まち》を出《で》たから、渋滞《じゅうたい》してしまったんだ。

渋滞《じゅうたい》の間中《あいだじゅう》、ソフィアはずっとぼくを抱《だ》きかかえていた。

ソフィアの顔《かお》は、悲《かな》しそうにも見《み》えたし、怒《おこ》っているようにも見《み》えた。

とつぜんミサイルが飛《と》んできた『戦争《せんそう》』のせいで、大好《だいす》きだったあの家《いえ》から出《で》て、パパともしばらくお別《わか》れしなきゃならないんだから、怒《おこ》りたくなって当然《とうぜん》だ。

ぼくはソフィアの気持《きも》ちがわかる気《き》がした。

「あぶないかもな……」

パパが大《おお》きなため息《いき》をついたのは、更《さら》に数時間《すうじかん》経《た》ったときだった。

いらだちがにじんだその声《こえ》に、ぼくはドキッとして、パパとママの会話《かいわ》を聞《き》こうと耳《みみ》をピンと立《た》てた。

ママがたずねた。

「あぶないって、なにがあったの？」

「ガソリンが持《も》つかどうか、あぶなくなってきたんだ」

「これまで見《み》かけたガソリンスタンドは、どこも売《う》り切《き》れだったものね」

「ああ……」

ママの言《い》う通《とお》り、渋滞《じゅうたい》の間《あいだ》、ガソリンスタンドは何度《なんど》か見《み》かけた。

でも、どこも閉《し》まっていた。

入《い》り口《ぐち》に『売《う》り切《き》れ』と手書《てが》きのポスターが貼《は》ってある店《みせ》もあった。

閉《し》まっているのはガソリンスタンドだけじゃなかった。

あらゆるお店《みせ》が閉《し》まっていて、町《まち》にはだれもいない。

あるのは、渋滞《じゅうたい》しながら国境《こっきょう》に進《すす》んでいく、車《くるま》の列《れつ》だけだ。

誰《だれ》もいない町《まち》を通《とお》り過《す》ぎるたびに、不安《ふあん》が大《おお》きくなる。

不安《ふあん》なことは、ほかにもたくさんあった。

空襲《くうしゅう》を知《し》らせるサイレンや、空《そら》を飛《と》ぶヘリコプター、銃《じゅう》の音《おと》……たくさん聞《き》き慣《な》れない音《おと》がした。

どれもこれもこわくって、ソフィアのひざに伏《ふ》せをした。

でも、聞《き》きたくないと思《おも》えば思《おも》うほどに、外《そと》の音《おと》が気《き》になってしまう。

「ねえ、サーシャ、覚《おぼ》えてる？」

そんなぼくに、ソフィアはとつぜん、昔話《むかしばなし》をはじめた。

「ボールあそびをしたときのこと」

ぼくはソフィアに顔《かお》を向《む》けた。

ソフィアは、ぼくを安心《あんしん》させるように、にこやかな顔《かお》をしている。

「サーシャったら、花壇《かだん》に飛《と》び込《こ》んじゃったよね。ママが植《う》えたお花《はな》がくしゃくしゃになっちゃって……。どうしよう！　って思《おも》ったとき『なにやってるの!?』ってママの声《こえ》が聞《き》こえて、ふたりとも飛《と》び上《あ》がっちゃってさ」

思《おも》い出《だ》した！

ぼくはボールを追《お》いかけて、お花《はな》の中《なか》に突《つ》っ込《こ》んじゃったんだ。

あの日《ひ》は、とってもよく晴《は》れて、すごく気持《きも》ち良《よ》くて、ぼくもソフィアも、夢中《むちゅう》であそんでいた。

楽《たの》しくて、花壇《かだん》が目《め》に入《はい》ってなかったんだ。

「あのとき、ママに怒《おこ》られると思《おも》ったけど、怒《おこ》られなかったよね。だって、サーシャが顔《かお》を上《あ》げたら、顔《かお》が泥《どろ》と花《はな》びらまみれで、思《おも》わずわたしもママも笑《わら》っちゃったんだもん。サーシャも、なんで笑《わら》われてるかわかんないみたいで、きょとんとしちゃってさ。でも、なんだか楽《たの》しそうに『わんわんっ！』って鳴《な》いてた。でね、その声《こえ》を聞《き》いて、またわたしたち、笑《わら》っちゃったんだよね」

ママも、あの日《ひ》のことを思《おも》い出《だ》したのかな。

助手席《じょしゅせき》から、ふふっと笑《わら》い声《ごえ》が聞《き》こえた気《き》がした。

ソフィアは、ママの声《こえ》ににこっと笑《わら》って、続《つづ》けて言《い》った。

「ねえ、これは覚《おぼ》えてる？　雪《ゆき》がいっぱい積《つ》もった日《ひ》。パパが大《おお》きな雪《ゆき》だるまを作《つく》ってくれて。わたしが雪《ゆき》だるまの腕《うで》の代《か》わりの木《き》の枝《えだ》を探《さが》してる間《あいだ》に、サーシャったら、雪《ゆき》だるまの上《うえ》にのぼっちゃったんだよね。雪《ゆき》だるまのてっぺんで、なんだか『えっへん！』って、いばったような顔《かお》をしててさ。あのときも、すごく笑《わら》ったな」

あの日《ひ》、生《う》まれてはじめて雪《ゆき》を見《み》た。

はしゃいで駆《か》け回《まわ》ってるうちに、いつの間《ま》にか雪《ゆき》だるまの上《うえ》にのぼってたんだよね。

雪《ゆき》は、すごく冷《つめ》たかったけど、ふわふわしてきれいで……。

見《み》とれてるうちに、寒《さむ》さなんか忘《わす》れちゃってた。

「あの日《ひ》のサーシャは、大《おお》はしゃぎだったな」

「ふふっ、なつかしいわね」

パパとママの顔《かお》から、笑《え》みがこぼれた。

「ねえ、サーシャ。きっとまた、あんなふうに楽《たの》しく過《す》ごせる日《ひ》がくるよ。だから、少《すこ》しだけがまんしよ。だいじょうぶ、わたしたちはずっといっしょにいるんだから」

ぼくはうれしくなって「わん！」と吠《ほ》えた。

ソフィアに飛《と》びついて、ほっぺをペロペロとなめる。
「ははっ！　くすぐったいよ！」
ソフィアの笑顔《えがお》は、いつも通《どお》りだった。
ソフィアの言《い》う通《とお》り、ぼくたちはずっといっしょだよ。
大変《たいへん》なことが――戦争《せんそう》が起《お》きても、二人《ふたり》のきずなは、ぜったいに変《か》わらない。
町《まち》を出《で》たときの胸《むね》のざわつきは、すっかりおさまっていた。

4　とつぜんのお別《わか》れ

パパの運転《うんてん》する車《くるま》は、しずんでいくお日様《ひさま》を追《お》いかけるように、西《にし》へ西《にし》へと進《すす》んでいく。

いつのまにか、空《そら》はすっかり暗《くら》くなっていた。

車《くるま》の窓《まど》から見《み》えるのは、渋滞《じゅうたい》している車《くるま》の赤《あか》いランプの列《れつ》。

なんとなく眠《ねむ》れずにいたぼくに、ソフィアは子守歌《こもりうた》を歌《うた》ってくれた。

ソフィアの澄《す》んだ声《こえ》が、ぼくの心《こころ》に響《ひび》き渡《わた》る。

そういえば、はじめて会《あ》った日《ひ》も、ソフィアはぼくが寝付《ねつ》くまで、子守歌《こもりうた》を歌《うた》ってくれたっけ。

なつかしいなぁ。

楽《たの》しかった日々《ひび》を思《おも》い出《だ》すと、心《こころ》が落《お》ち着《つ》いて、まぶたが重《おも》くなっていく。

ふわふわとやわらかいソフィアの腕《うで》の中《なか》で、ぼくはぐっすりと眠《ねむ》りに落《お》ちた。

◆
◆
◆

車《くるま》が止《と》まった気配《けはい》を感《かん》じて、ぼくは目《め》を覚《さ》ました。

どれぐらい眠《ねむ》っていたのかな。

外《そと》は、うっすら明《あか》るくなっていた。朝《あさ》がきたんだ。

「んっ……んんっ……ここどこ？」

ぼくを抱《かか》えて眠《ねむ》っていたソフィアも、目《め》を覚《さ》ましたみたい。

パパが、やさしい声《こえ》で言《い》った。

「ドライブインに着《つ》いたよ。ここで休憩《きゅうけい》しよう」

ドライブインって、車《くるま》で移動《いどう》する人《ひと》が、ごはんを食《た》べたり、買《か》い物《もの》をして休《やす》んだりできる場所《ばしょ》だよね。

きっと、パパは夜《よる》の間《あいだ》ずっと、車《くるま》を運転《うんてん》していてくれたんだと思《おも》う。

ソフィアやママ、ぼくを、安全《あんぜん》なところに連《つ》れていくためにがんばってくれているんだ。

すっごくつかれた顔《かお》をしているパパが、ここで、少《すこ》し休《やす》むことができたらいいな。


車《くるま》を降《お》りると、人《ひと》がたくさんいた。

みんな渋滞《じゅうたい》からぬけ出《だ》して、休憩《きゅうけい》しているみたいだった。

「ここはだいぶ落《お》ち着《つ》いてるみたいだね」

ぼくを抱《だ》きかかえていたソフィアが言《い》った。

ソフィアの言《い》う通《とお》り、このドライブインには、町《まち》のスーパーマーケットのような、トゲトゲしい雰囲気《ふんいき》はない。

ドライブインのとなりにあるガソリンスタンドは、まだ売《う》り切《き》れになっていなかったし、レストランも、あたたかいごはんを食《た》べる人《ひと》たちで、にぎわっているみたいだった。

いらだったり、怒《おこ》ったりしてる人《ひと》もあまりいない。

みんな、つかれた顔《かお》はしているけれど、笑《わら》い合《あ》っているみたいだった。

ここには、ミサイルが飛《と》んできたりはしていないのかな。
ぼくは、ようやくほっとした。
「売店《ばいてん》で、食《た》べるものを買《か》いましょうか」
ママは売店《ばいてん》に向《む》かった。
ぼくとソフィアも後《あと》をついて行《い》く。
売店《ばいてん》の扉《とびら》を開《ひら》くと、ドアベルがカランカランと鳴《な》った。
中《なか》にはたくさんの商品《しょうひん》がならんでいる。
棚《たな》の食《た》べ物《もの》やお菓子《かし》を見《み》て、ソフィアが言《い》った。
「これ、サーシャの好《す》きなミルク入《い》りのパンじゃない？」
袋《ふくろ》に犬《いぬ》の絵《え》が描《か》かれたそのパンは、ぼく専用《せんよう》の、お気《き》に入《い》りだ。
ぼくはソフィアの横《よこ》で鼻《はな》をくんくんと動《うご》かす。
かすかに甘《あま》いパンの香《かお》り。
最後《さいご》に食《た》べたのは、いつだっけ？　ミサイルが飛《と》んできた、前《まえ》の日《ひ》かな？
ちょっと前《まえ》のはずなのに、なんだか、すごく前《まえ》のことのような気《き》がした。

「そうね。これはぜったいに買《か》わないと」

ママが、パンを買《か》い物《もの》かごに入《い》れてくれた。

「えっと、ほかには……」

きょろきょろとお菓子《かし》の棚《たな》を見回《みまわ》したソフィアは、大好《だいす》きな甘《あま》いキャンディを見《み》つけた。

「これこれ！　あとでパパにもあげようっと！」

ソフィアがふふっと笑《わら》って、買《か》い物《もの》かごへと入《い》れた瞬間《しゅんかん》だった。

ウ――――――ッ！

サイレンが、大《おお》きな音《おと》を立《た》てた。

ソフィアの顔《かお》が固《かた》まった。

「ここにも、ミサイルが来《く》るの……!?」

ソフィアはあわてて、ぼくを抱《だ》きかかえた。

売店《ばいてん》に緊張《きんちょう》が走《はし》る。

さっきまで、にこにこして買《か》い物《もの》をしていた人《ひと》たちの顔《かお》が、一瞬《いっしゅん》にしてこわばった。

ソフィアといっしょに逃《に》げなきゃ……！

そう思《おも》うのに、体《からだ》がすくんで動《うご》けない。

と、そのとき、低《ひく》く、うなるような音《おと》が鳴《な》り響《ひび》いた。

ド―――ンッ！

地震《じしん》が起《お》きたみたいに、売店《ばいてん》がぐらっとゆれる。

ミサイルだ！！！

ガラスが割《わ》れ、売店中《ばいてんじゅう》の棚《たな》が倒《たお》れて、あちこちから悲鳴《ひめい》が聞《き》こえる。

「きゃああ！」

「うわあ！」

「助《たす》けて!!」

こわい、いやだ、助《たす》けて！

ぼくは、爆発《ばくはつ》の音《おと》と、たくさんの悲鳴《ひめい》にパニックになって、ソフィアの腕《うで》の中《なか》から飛《と》び出《だ》してしまった。

「あっ……サーシャ！」

飛《と》び出《だ》したぼくとソフィアの間《あいだ》に、棚《たな》が倒《たお》れてくる。

ガシャーン‼

「ソフィア！」

ハッとして、振《ふ》り返《かえ》る。

よかった。なんとか、ソフィアは棚《たな》にぶつからずにすんだみたいだった。

でも、倒《たお》れた棚《たな》と、落《お》ちてきた袋《ふくろ》や箱《はこ》がじ

やまをして、ソフィアにぜんぜん近《ちか》づけない。

「サーシャ！　サーシャ、どこ!?」

ソフィアが、悲鳴《ひめい》みたいな声《こえ》でぼくを呼《よ》ぶ。

ソフィア、まってて、今行《いまい》くから！

ぼくの上《うえ》に積《つ》み重《かさ》なった箱《はこ》と袋《ふくろ》から、なんとか脱出《だっしゅつ》した、そのとき、

「売店《ばいてん》の奥《おく》には近《ちか》づくな、火事《かじ》になってる」

「早《はや》く外《そと》に出《で》ないと、爆発《ばくはつ》が起《お》こるかもしれないわ」

「出口《でぐち》はどこ!?」

「あっちだ！」

入《い》り口近《ぐちちか》くにいたぼくの周《まわ》りに、人《ひと》が一気《いっき》に押《お》し寄《よ》せてきた。

あっというまに、ぼくはおおぜいの人《ひと》の足《あし》に取《と》り囲《かこ》まれてしまった。

その中《なか》で、なんとか立《た》ち上《あ》がろうとしたぼくの耳《みみ》に、ソフィアの声《こえ》が聞《き》こえた。

「サーシャ！！！」

その声《こえ》は、さっきよりも、ずいぶん小《ちい》さい。

ソフィアが、遠《とお》くに行《い》ってしまう！
「ソフィア、ソフィア、どこにいるの!?」
ぼくも必死《ひっし》で呼《よ》びかける。
逃《に》げまどう人《ひと》たちの叫《さけ》び声《ごえ》のむこうで、かすかに、「サーシャ！」と声《こえ》がする。
ぼくはなんとか、ソフィアの声《こえ》のするほうに向《む》かって走《はし》ろうとした。
でも、パニックになった人《ひと》たちにはばまれて、身動《みうご》きがとれない。
ソフィアの声《こえ》が、どんどん小《ちい》さくなっていく。
あせるぼくは、店《みせ》の奥《おく》からただよってくる、こげくさいにおいに気《き》づいた。
火事《かじ》だ！
爆撃《ばくげき》で、火事《かじ》になってしまったんだ！
商品《しょうひん》が次々《つぎつぎ》に燃《も》えはじめる。
けむりがもうもうと広《ひろ》がった。
「うっ……」
せきこみながら、どうにか前《まえ》へ進《すす》んだ。

きっとソフィアは、心細《こころぼそ》い思《おも》いをしている。
ミサイルが落《お》ちてから、心配《しんぱい》で不安《ふあん》になっているぼくを、ずっとはげまして、安心《あんしん》させてくれていたソフィア。
やさしくて、あたたかいソフィア。
ソフィアを、今度《こんど》はぼくが守《まも》るんだ！

「サーシャ！！！」

ソフィア！
ソフィア、いま、駆《か》けつけるからね！

「わおー―――ん！！！」

力《ちから》いっぱい、叫《さけ》ぶ。

でも、ぼくの声《こえ》は悲鳴《ひめい》と爆発音《ばくはつおん》にかき消《け》された。
火《ひ》はどんどん燃《も》え広《ひろ》がっていく。
「けほっ……苦《くる》しい……」
いよいよけむりが売店中《ばいてんじゅう》に立《た》ちこめてきて、息《いき》が苦《くる》しくなってきた。
目《め》も痛《いた》くて、開《あ》けていられない。
早《はや》く、ソフィアのところに行《い》かなきゃいけないのに。

「サーシャ！！」

ソフィア、と呼《よ》びたかったのに、のどがかすれて、声《こえ》が出《で》ない。
息《いき》ができなくて、頭《あたま》がぼうっとしてきてしまう。
ソフィア……待《ま》って、行《い》かないで……。
ぼくはそのまま、気《き》を失《うしな》ってしまった。

5　がれきの町《まち》

うっ……ううっ……。

どれぐらいの時間《じかん》が経《た》っただろう。

鼻《はな》にこびりつくような、こげくさいにおいで目《め》を覚《さ》ました。

ええっと……爆発《ばくはつ》の音《おと》がして、棚《たな》が倒《たお》れてきて、売店《ばいてん》が火事《かじ》になって……それから……。

ソフィアっ！！

ぼくは、ソフィアとはぐれたことを思《おも》い出《だ》した。

ソフィアを探《さが》さなきゃ。

ぼくは、棚《たな》と棚《たな》のすきまからはい出《で》て、売店《ばいてん》の中《なか》を歩《ある》きはじめた。

体《からだ》のあちこちが痛《いた》くて、ところどころ毛《け》が焼《や》けてしまっているみたい。

やけどしたところが、じんじん痛《いた》む。
でも、休《やす》んでなんて、いられなかった。
ソフィア……どこ……？　どこにいるの……？
けむりが目《め》に入《はい》って、しょぼしょぼと涙《なみだ》が出《で》る。
「わんっ！　わわんっ！　わおーん!!」
ぼくはソフィアに届《とど》くようにと、全力《ぜんりょく》で吠《ほ》えた。
でも、どれだけ呼《よ》びかけても、ソフィアからの返事《へんじ》はない。
ソフィアだけじゃない。人《ひと》の気配《けはい》がしなかった。
真《ま》っ黒《くろ》にすすけた店内《てんない》は、しんと静《しず》まりかえっている。
あんなにたくさん人《ひと》がいて、にぎやかにお買《か》い物《もの》をしていたのに……。
売店《ばいてん》の奥《おく》には、ミサイルが落《お》ちた衝撃《しょうげき》で穴《あな》が開《あ》いていた。
ぼくはミサイルが作《つく》った、黒《くろ》こげの大《おお》きな穴《あな》から売店《ばいてん》の外《そと》に出《で》た。
外《そと》は、パパといっしょに車《くるま》で到着《とうちゃく》したときとは、別世界《べっせかい》のようだった。

駐車場《ちゅうしゃじょう》には、くずれたコンクリートや、吹《ふ》き飛《と》んだ金属製《きんぞくせい》のパイプや、こわれた車《くるま》の部《ぶ》品《ひん》が散《ち》らばっていた。

何度《なんど》もつまずきそうになりながら、前《まえ》へ進《すす》む。

駐車場《ちゅうしゃじょう》にも、レストランにも、だれもいない。

ガソリンスタンドは、イヤなにおいのけむりが立《た》ちこめている。

建物《たてもの》は燃《も》え尽《つ》きていて、人《ひと》がいるようには思《おも》えなかった。

ソフィアは、ケガややけどはせずに逃《に》げられたかな。

ソフィアと、パパとママは、ここはミサイルが落《お》ちてきて危険《きけん》だから、きっと安全《あんぜん》なところに避難《ひなん》したんだよね。

ぼくも、早《はや》くソフィアと合流《ごうりゅう》しなきゃ。

きっと今《いま》ごろ、ソフィアはぼくのことを心配《しんぱい》しているから。

だいじょうぶだよって、ソフィアのほっぺをなめてあげなきゃ。

◆
◆
◆

ドライブインを出《で》て、道《みち》ぞいに歩《ある》いていくと、町《まち》が見《み》えてきた。

あそこに、ソフィアたちがいるかもしれない！

体《からだ》じゅうが痛《いた》むけれど、なんとかがんばって、ふらふらと足《あし》を踏《ふ》み入《い》れる。

町《まち》の中《なか》では、たくさんの建物《たてもの》が、ぼろぼろに崩《くず》れていた。

ここにも、ミサイルが落《お》ちてきたんだ……。

「だれかー、だれか、いませんかー？」

呼《よ》びかけてみるけれど、町《まち》はしんとしていて、気味《きみ》が悪《わる》いぐらいだ。

やがて、日《ひ》が落《お》ちて、冷《つめ》たく暗《くら》い夜《よる》がやってきた。

町《まち》に灯《あか》りはひとつもなくて、吹《ふ》き付《つ》ける風《かぜ》の音《おと》と、時折《ときおり》、くずれ落《お》ちるがれきの音《おと》が、暗闇《くらやみ》の中《なか》に響《ひび》いているだけだ。

ぼくは真《ま》っ暗《くら》な中《なか》を、ソフィアを探《さが》して、月明《つきあ》かりを頼《たよ》りに歩《ある》いて行《い》く。

そのとき。

「こんにちは、坊《ぼう》や」

月明《つきあ》かりの下《した》に姿《すがた》をあらわしたのは、犬《いぬ》のおばあちゃんだった。

毛並《けな》みは真《ま》っ白《しろ》だけど、ところどころススで黒《くろ》ずんで焼《や》けこげている。

はじめて会《あ》う犬《いぬ》と話《はな》すのは苦手《にがて》だけど、ぼくは勇気《ゆうき》を出《だ》して、犬《いぬ》のおばあちゃんに話《はな》しかけた。

「こんにちは！　あっあの……この町《まち》に住《す》んでるの？」

犬《いぬ》のおばあちゃんは、やさしい声《こえ》で言《い》った。

「ええ、ずっと、ここで暮《く》らしていたのよ。町《まち》の人《ひと》たちにかわいがられてね。でも、ミサイルが落《お》ちてきて、みんないなくなってしまったの……」

そう言《い》って、犬《いぬ》のおばあちゃんは、かなしげに目《め》を伏《ふ》せた。

犬《いぬ》のおばあちゃんの話《はな》し方《かた》はやさしくて、心細《こころぼそ》かったぼくは、ものすごくほっとした。

きっとすてきな飼《か》い主《ぬし》といっしょに暮《く》らしてたんだろうなって、なんとなく思《おも》う。

「どうやら坊《ぼう》やも、ひとりぼっちみたいだね」

「ううん、ちがうよ。ぼく、ひとりぼっちじゃないよ。ソフィアといっしょに来《き》たんだから」

「ソフィア？　ああ、あなたの飼《か》い主《ぬし》の名前《なまえ》ね」

「うん！　ぼく、あっちのドライブインに、飼《か》い主《ぬし》のソフィアと、パパとママといっしょに来《き》たんだ。でも、ミサイルが飛《と》んできて、はぐれちゃって……ねえ、おばあちゃん、ソフィアを見《み》かけなかった？　長《なが》い茶色《ちゃいろ》の髪《かみ》をした女《おんな》の子《こ》なんだ」

犬《いぬ》のおばあちゃんがこのあたりに住《す》んでいるなら、ソフィアがどこに行《い》ったか、知《し》っているかも！

そう思《おも》ったら、ふらふらだけれど、少《すこ》し力《ちから》がわいてきた。

でも、犬《いぬ》のおばあちゃんは、気《き》の毒《どく》そうに言《い》った。

「まあ、そうなの……。残念《ざんねん》だけど、このあたりで、髪《かみ》の長《なが》い女《おんな》の子《こ》は見《み》かけなかったわ」

「そっか……。ソフィア、どこに行《い》っちゃったのかな」

鼻《はな》を空《そら》に向《む》けてくんくんとかいでみたけれど、ソフィアのにおいはしなかった。

しばらくだまりこんだ犬《いぬ》のおばあちゃんは、言《い》いにくそうに話《はな》しはじめた。

「ねえ、あなた……このあたりにミサイルが落《お》ちたのは、きのうのことなのよ」

「えっ……？」

思《おも》っていたより、長《なが》く気《き》を失《うしな》っていたみたいだ。

「ミサイルが落《お》ちた後《あと》、この町《まち》の人《ひと》も、ドライブインに来《き》ていた人《ひと》も、みんないっせいに西《にし》へと車《くるま》で走《はし》っていったわ。西《にし》のほうには、となりの国《くに》との、国境《こっきょう》があるの」

犬《いぬ》のおばあちゃんは、悲《かな》しそうに言葉《ことば》を続《つづ》けた。

「早《はや》く移動《いどう》しないと、ミサイルに追《お》いつかれてしまうから……きっと、あなたのソフィアは、ここには戻《もど》ってこないわ。安全《あんぜん》な、となりの国《くに》へ行《い》ったのよ。だから、ソフィアを探《さが》すのは、もうおやめなさい」

犬《いぬ》のおばあちゃんの言葉《ことば》に、ぼくはびっくりした。

だって、ソフィアはぼくに、「ずっといっしょにいる」って言《い》ってくれたんだ。

だから、ぼくを置《お》いて、となりの国《くに》に行《い》くはずがないよ！

「そんなこと、ぜったいないよ！　……うっ」

大声《おおごえ》を出《だ》したら、やけどをしたところがひきつれて、ひどく痛《いた》んだ。

ソフィアは、ぼくを置《お》いて行《い》ってしまったの？

ぼくを、このがれきの町《まち》に、ひとり取《と》り残《のこ》して……。

「ひどいケガをしているのね。今日《きょう》は、私《わたし》の寝床《ねどこ》を貸《か》してあげる。そこで一晩《ひとばん》、ゆっくりお休《やす》みなさい」

「……」

言《い》い返《かえ》したかったけれど、ケガをしたまま一日中歩《いちにちじゅうある》き回《まわ》ったからか、もうなにを言《い》う気《き》力《りょく》も残《のこ》っていなかった。

「今日《きょう》はいっしょに眠《ねむ》りましょう。二匹《ひき》でいれば、すこしはあたたかくすごせるわ」

犬《いぬ》のおばあちゃんは、がれきの下《した》の小《ちい》さなすきまに、ぼくをうながした。

ぼくは、そこにするりと入《はい》り込《こ》む。

すきまは風《かぜ》がさえぎられ、わずかにあたたかく感《かん》じられた。

「良《よ》い場所《ばしょ》でしょう。私《わたし》も一日《にち》さまよって見《み》つけたのよ」

犬《いぬ》のおばあちゃんは得意《とくい》げに言《い》って、ぼくのとなりにゆっくりと横《よこ》たわった。

「寒《さむ》いでしょう。こっちにいらっしゃい」

その言葉《ことば》に甘《あま》えて、ぼくは犬《いぬ》のおばあちゃんにぴったりよりそう。

あったかい……。

ソフィアと離《はな》れて以来《いらい》のぬくもりだった。

「寒《さむ》い夜《よる》は、こうやってくっつくのが一番《いちばん》だよ」

ぼくはおばあちゃんのやさしい声《こえ》を聞《き》いて、くうんと甘《あま》えた声《こえ》を出《だ》す。

つかれた体《からだ》に、おばあちゃんのぬくもりが、じんわりと広《ひろ》がっていく。

やっぱり、あたたかさって大事《だいじ》だなって思《おも》う。

「おばあちゃん。ありがとう」

「ふふっ、私《わたし》も同《おな》じ気持《きも》ちだよ」

おばあちゃんはやさしく笑《わら》った。

犬《いぬ》のおばあちゃんは、ぼくによりそいながら、いろ

んな話《はなし》をしてくれた。

長年《ながねん》、いっしょに暮《く》らした飼《か》い主《ぬし》がいたこと。

飼《か》い主《ぬし》に連《つ》れられて、いろんな場所《ばしょ》へドライブしたこと。

「毎年《まいとし》、夏《なつ》はひまわりの花畑《はなばたけ》を見《み》に、ドライブしたのよ。真《ま》っ青《さお》な空《そら》に黄色《きいろ》いお花《はな》がゆれて、本当《ほんとう》にきれいだったわ」

そして、飼《か》い主《ぬし》が亡《な》くなって悲《かな》しかったこと。

そのあとは、地域犬《ちいきいぬ》として、町《まち》のみんなにかわいがってもらったこと……。

犬《いぬ》のおばあちゃんの大切《たいせつ》な人《ひと》の話《はなし》を聞《き》いて、ぼくもソフィアに会《あ》いたくなる。

「わかるよ。おばあちゃんの気持《きも》ち……ぼくも飼《か》い主《ぬし》のソフィアといっしょにいる時間《じかん》が、一番幸《いちばんしあわ》せだったんだ」

「大好《だいす》きな人《ひと》のことを思《おも》うと、心《こころ》があったかくなるでしょう。こんなに寒《さむ》い夜《よる》は、大好《だいす》きな人《ひと》のぬくもりを思《おも》い出《だ》すといい……」

おばあちゃんに言《い》われて、ぼくはソフィアを思《おも》い浮《う》かべて、目《め》を閉《と》じた。

そして、静《しず》けさの中《なか》で、深《ふか》い深《ふか》い眠《ねむ》りに落《お》ちていった。

◆　◆　◆

こげたにおいと、火薬《かやく》のにおいで、ぼくは目《め》を覚《さ》ました。

ぼくはおばあちゃんのとなりで、一晩《ひとばん》ぐっすりと眠《ねむ》っていた。

「もう行《い》くのかい？」

がれきの下《した》のすきまを出《で》たぼくに、犬《いぬ》のおばあちゃんが声《こえ》をかけた。

「うん。ソフィアを探《さが》さなきゃ」

ぼくは、このがれきの町《まち》に取《と》り残《のこ》されてしまった。

でも、ぼくは生《い》きてる。

生《い》きてれば、小《ち》さな子犬《こいぬ》にだって、できることはあるんだ！

おばあちゃんがやさしくほほえんだ。

「きっと会《あ》えるよ。私《わたし》の会《あ》いたい人《ひと》はもう亡《な》くなってしまった。でも、坊《ぼう》やの会《あ》いたい人《ひと》は、まだ生《い》きている。生《い》きていればきっと会《あ》える。信《しん》じていれば、きっとね」

「ありがとう……。ぼく、がんばる。ぜったいに会《あ》ってみせるよ。ぜったいに……！」

「ああ、私《わたし》の分《ぶん》もがんばっておくれ。幸《しあわ》せになっておくれ」

生《い》きていれば必《かな》ず会《あ》える。

ぼくは、おばあちゃんの言葉《ことば》を信《しん》じて、歩《ある》き出《だ》した。

◆◆◆

おばあちゃんと別《わか》れたぼくは、がれきの中《なか》を、さまよい続《つづ》けた。

家《いえ》やマンション、学校《がっこう》や教会《きょうかい》も崩《くず》れて、大《おお》きな穴《あな》が開《あ》いていた。

がれきの町《まち》は、歩《ある》いても歩《ある》いても同《おな》じような風景《ふうけい》ばかり。

「ソフィア……！　ソフィア……！」

ぼくはわんわんと吠《ほ》えながら、ソフィアを探《さが》して、何日《なんにち》も歩《ある》いた。

でも、どれだけ歩《ある》いても、ソフィアの甘《あま》いにおいは見《み》つからない。

ソフィアと別《わか》れたドライブインに戻《もど》ろうかとも思《おも》ったけれど、どこもかしこも同《おな》じような風景《ふうけい》が続《つづ》いていて、自分《じぶん》がどこから来《き》たかも、どこへ向《む》かっているのかも、わからなくなってしまった。

何度《なんど》も泣《な》きそうになった。

でも、今《いま》ぼくが「ソフィアに会《あ》えなくて悲《かな》しい、さみしい」って思《おも》っているのと同《おな》じように、きっとソフィアも、「サーシャがいなくて悲《かな》しい、さみしい」って思《おも》っているはず。

ソフィア、さみしい思《おも》いをさせてごめんね。

ぜったいに、見《み》つけるからね。

でも、どうしても足《あし》がふらついてしまう。

もう、何日《なんにち》も、何《なに》も食《た》べていない。

飲《の》み水《みず》だって、ない。

がれきのすみに、少《すこ》しだけたまった雪《ゆき》をなめて、のどのかわきをごまかしていた。

おなかがすいて、のどがかわいていて。

寒《さむ》くて、体《からだ》のあちこちが痛《いた》むけれど、それでも、前《まえ》に進《すす》まなきゃ。

必死《ひっし》で足《あし》を動《うご》かした。

何日《なんにち》も、何日《なんにち》も歩《ある》き続《つづ》けて……。
いてっ……！
右《みぎ》の肉球《にくきゅう》に、するどい痛《いた》みを感《かん》じた。
おそるおそる足《あし》の裏《うら》を見《み》ると、ガラスのかけらが刺《さ》さっていた。
寒《さむ》くて、おなかがすいていて、足《あし》をケガして、もう歩《ある》けない。
……でも、歩《ある》かなきゃ！　探《さが》さなきゃ！
そう思《おも》ったとき、とつぜん、低《ひく》くうなるような音《おと》が、空《そら》から聞《き》こえてきた。
なんだろう？
そう思《おも》って顔《かお》を上《あ》げると、少《すこ》しおくれて、

ドーーン!!!

と、大《おお》きな音《おと》を立《た》てて、地面《じめん》がビリビリとゆれる。
ミサイルが落《お》ちたんだ！

逃《に》げなきゃ……！

ウ―――!!

考《かんが》える間《ま》もなく、大《おお》きなサイレンが鳴《な》った。

その瞬間《しゅんかん》、

ドン！！！


と、にぶい音《おと》が響《ひび》いて、爆風《ばくふう》がぼくの体《からだ》を吹《ふ》き飛《と》ばす。

ふわっと宙《ちゅう》に体《からだ》が浮《う》いたかと思《おも》うと、すぐ地面《じめん》にたたき付《つ》けられた。

「うっ……！」

体《からだ》じゅうが痛《いた》くてたまらない。くるしくて、息《いき》ができない。

「ソフィア……ソフィア……」

意識《いしき》が遠《とお》くなっていく。
もう、だめかもしれない。ごめんね、ソフィア……。
そう思《おも》ったとき、ふいに、ぼくの頭《あたま》をやさしい手《て》がなでて、ふわりと抱《だ》き上《あ》げた。
あたたかい、人間《にんげん》の手《て》だ。
ソフィア……!?
やっぱり、そばにいたんだね。
ぼくのことを、ひとりぼっちで取《と》り残《のこ》したりはしなかったんだよね。
やっと会《あ》えたぬくもりに、ぼくは、くーんと鼻《はな》を鳴《な》らした。

6　あたたかな手《て》

「もうだいじょうぶだぞ！」

男《おとこ》の人《ひと》の声《こえ》。ソフィアじゃない……!?

ぼんやりとした意識《いしき》の中《なか》で、目《め》を開《あ》ける。

ぼくを抱《だ》いているのは、大《おお》きな体《からだ》の、お兄《にい》さんだ。

ソフィアの、ふわふわしたかんじじゃないけれど……。

でも、お兄《にい》さんの腕《うで》は、すごくあったかい。

あたたかさが、ソフィアによく似《に》てる。

「こんな小《ちい》さいのに、よくがんばったな。俺《おれ》たちが来《き》たから、もう安心《あんしん》だ」

男《おとこ》の人《ひと》はゆっくりと、ぼくの頭《あたま》をなでてくれる。

そのとき、ぼくの首輪《くびわ》に気付《きづ》いたみたいだ。

首輪《くびわ》に書《か》かれたぼくの名前《なまえ》を見《み》て、彼《かれ》は笑《わら》った。

「そうか！　お前《まえ》、サーシャって言《い》うのか。良《い》い名前《なまえ》だな。サーシャ！」

その声《こえ》を聞《き》いた瞬間《しゅんかん》、ぼくはわかった。

彼《かれ》は、ぼくたち犬《いぬ》のことが、大好《だいす》きなんだって。

「この首輪《くびわ》、ボロボロになってるな。ちぎれちまいそうだ。なくしたら嫌《いや》だろ？　飼《か》い主《ぬし》さんからもらった大事《だいじ》な物《もの》だろうからな」

ぼくはこくりとうなずいた。

ぼくがうなずいたのが、お兄《にい》さんに伝《つた》わったかどうかは、わからない。

「これは俺《おれ》が預《あず》かっとくからな」

お兄《にい》さんはにっこりと笑《わら》って、ちぎれそうになった首輪《くびわ》を、大事《だいじ》そうにポケットにしまった。

「足《あし》をケガしてるな。すぐに手当《てあ》てしないと」

ぼくの体《からだ》をじっくりチェックしたお兄《にい》さんは、すこし離《はな》れたところにいる仲間《なかま》に向《む》かって叫《さけ》んだ。

「ケガをしてる！　早《はや》く応急処置《おうきゅうしょち》をしないと！」

「わかったよ！　トミー！」

呼《よ》びかけにこたえて、仲間《なかま》がお兄《にい》さんに返事《へんじ》をした。

このお兄《にい》さん、トミーっていうんだ。

ぼくはお兄《にい》さんの名前《なまえ》が知《し》れて、なんだかすごくうれしかった。

◆
◆
◆

ぼくはトミーに抱《かか》えられ、トミーと仲間《なかま》たちが乗《の》ってきた、ワゴン車《しゃ》まで連《つ》れて行《い》かれた。

「よし、抜《ぬ》くぞ！　痛《いた》くてもがまんだ」

トミーはすぐに救急箱《きゅうきゅうばこ》を用意《ようい》して、足《あし》の裏《うら》に刺《さ》さったガラスを、素早《すばや》くピンセットで抜《ぬ》いてくれた。

いててっ……。

すっごく痛《いた》かったけれど、泣《な》かずにがまんした。

「吠《ほ》えなかったな。えらいえらい」

トミーは、ぼくのほっぺを両手《りょうて》ではさみ込《こ》んでなでながら、くしゃっと顔《かお》をくずした。

ほめられたのがうれしくて、ぼくは「くうぅん」と声《こえ》を出《だ》す。

ぼくの声《こえ》を聞《き》いて、トミーはまたうれしそうに笑《わら》った。

「これでよし。すぐに良《よ》くなるからな」

トミーは傷口《きずぐち》を消毒《しょうどく》して、包帯《ほうたい》を巻《ま》いてくれた。

ガラスが刺《さ》さっていた足《あし》は、まだじんじんと痛《いた》む。

でも、トミーのあたたかい手《て》でなでてもらうと、痛《いた》みなんてふっとんでしまいそうな気《き》がした。

「おなかがすいているだろう。フードはたくさんあるから、ゆっくり食《た》べるんだよ」

そう言《い》って、トミーはドッグフードをぼくの前《まえ》に置《お》いてくれた。

「わんっ」

ひさしぶりのごはんだ！

ぼくはうれしくて、お皿《さら》に顔《かお》をつっこんで食《た》べ始《はじ》めた。

さっきまで、寒《さむ》くて、おなかがすいていて、ケガをして痛《いた》くって……。

とても悲《かな》しい気持《きも》ちだったのに。

ケガの手当《てあ》てをしてもらって、おなかが満《み》たされると、悲《かな》しい気持《きも》ちがだんだん小《ちい》さくなっていく気《き》がした。

トミーがいなかったら、ぼくはどうなっていたんだろう。

もしかしたら、死《し》んじゃってたかもしれない。

「おなかいっぱいになったかい？　じゃあ、行《い》こうか」

トミーはぼくを抱《だ》き上《あ》げて、毛布《もうふ》でふんわり包《つつ》みこむ。

毛布《もうふ》はあったかくて、ふわふわしていて、ソフィアの腕《うで》の中《なか》みたい。

ぼくは毛布《もうふ》にくるまれたままケージに入《い》れられ、ワゴン車《しゃ》の後部座席《こうぶざせき》に乗《の》せられた。

しばらくするとエンジンがかかって、車《くるま》が動《うご》き出《だ》す。

ぼくの周《まわ》りには、ぼくと同《おな》じように、ケージに入《い》れられた動物《どうぶつ》たちの姿《すがた》がある。

「おまえ、見《み》たことのない顔《かお》だな。この町《まち》に住《す》んでいた犬《いぬ》じゃないな？」

ぼくのとなりのケージにいた、真《ま》っ黒《くろ》な毛並《けな》みの犬《いぬ》が聞《き》いてきた。

「ぼく、車《くるま》で何時間《なんじかん》も走《はし》ったあと、たくさん歩《ある》いてここに来《き》たんだ。だから、すごく遠《とお》いところから来《き》たんだと思《おも》う」

「そうか……自分《じぶん》の家《いえ》から遠《とお》く離《はな》れて来《き》たんだな」

「君《きみ》は、この町《まち》に住《す》んでいたの？」

「ああ。飼《か》い主《ぬし》のおじいさんといっしょに暮《く》らしてた」

流《なが》れていく窓《まど》の外《そと》の景色《けしき》を見《み》ながら、ぼくは真《ま》っ黒《くろ》な犬《いぬ》に聞《き》いてみた。

「ねえ、ぼくたちはどこに行《い》くの？」

「さあ、俺《おれ》にもわからない。ごはんをくれて、寒《さむ》くないように毛布《もうふ》でくるんでくれているんだから、きっと悪《わる》いことにはならないだろうけどな」

そう答《こた》える顔《かお》は、少《すこ》しだけ、さびしそうに見《み》えた。

きっと、飼《か》い主《ぬし》のおじいさんと住《す》み慣《な》れた町《まち》を離《はな》れるのが、イヤなんだと思《おも》う。

「……飼《か》い主《ぬし》のおじいさんと、また会《あ》えるといいね」

「ああ、そうだな」

車《くるま》は、トミーがぼくを助《たす》け出《だ》した町《まち》から、ぐんぐん遠《とお》ざかっていく。

やわらかい毛布《もうふ》に顔《かお》をうずめると、ソフィアのことを思《おも》い出《だ》す。

ソフィア……。

ソフィアは、今《いま》、どうしているかな。

町《まち》から離《はな》れていくこの車《くるま》に乗《の》っているぼくは、きっとソフィアとも離《はな》れていってるんだと思《おも》う。

ソフィアと離《はな》れるのはイヤだ。

だけど、ソフィアが、ミサイルが飛《と》んでくる、あの、がれきの町《まち》にいないことはもうわかっていた。

ぼくがミサイルで死《し》んじゃったら、もうソフィアに会《あ》えない。

でも、今《いま》、ぼくは生《い》きている。

生《い》きていれば、いつか、必《かなら》ず、ソフィアに会《あ》える。

ソフィアを探《さが》すために、ぼくは、前《まえ》に進《すす》まなきゃいけないんだ。

――こうして、ぼくは、車《くるま》に乗《の》ってがれきの町《まち》を去《さ》ったのだった。

◆　◆　◆

ワゴン車《しゃ》は、そのあと、何時間《なんじかん》も、ゆらゆらとゆれながら走《はし》り続《つづ》けた。

窓《まど》の外《そと》は、もう、真《ま》っ暗《くら》な夜《よる》だ。

となりの黒《くろ》い犬《いぬ》は、眠《ねむ》ってしまっているみたい。

すやすやと寝息《ねいき》が聞《き》こえてくる。

話《はな》し相手《あいて》のいなくなったぼくは、じっと、トミーと、トミーの仲間《なかま》のお姉《ねえ》さんの話《はなし》に聞《き》き耳《みみ》を立《た》てていた。

「トミーはどうして、戦争《せんそう》の中《なか》で動物《どうぶつ》を助《たす》ける活動《かつどう》を始《はじ》めたの？」

「俺《おれ》はもともと、イギリスで兵士《へいし》として活動《かつどう》していた。それで、いろんな戦争《せんそう》に行《い》ってきたんだ。でも、戦争《せんそう》でひどい光景《こうけい》ばかり見《み》て、ＰＴＳＤ《ピーティーエスディー》（心的外傷後《しんてきがいしょうご》ストレス障害《しょうがい》。命《いのち》にかかわるような恐怖感《きょうふかん》をともなう体験《たいけん》などをした後《あと》に起《お》こる症状《しょうじょう》）になってしまってね」

「そんなことがあったの……」

「ああ。それで、家《いえ》から出《で》ることができなくなって、軍《ぐん》も辞《や》めて、ふさぎこんでいた。そんな俺《おれ》を救《すく》ってくれたのが、犬《いぬ》だったんだ」

トミーの声《こえ》が、少《すこ》し明《あか》るくなった。

「犬《いぬ》？　何《なに》があったの？」

「俺《おれ》が病気《びょうき》で休《やす》んでいる間《あいだ》に、一匹《ぴき》の犬《いぬ》に出会《であ》ったんだよ。彼《かれ》に出会《であ》った瞬間《しゅんかん》、俺《おれ》は笑《わら》ったんだ。半年《はんとし》ぶりにね。俺《おれ》は、犬《いぬ》に心《こころ》を救《すく》われた」

「犬《いぬ》は、あなたの恩人《おんじん》なのね」

お姉《ねえ》さんの言葉《ことば》に、トミーはうなずいて言《い》った。

「そうなんだ。だからそのときから、俺《おれ》は、元兵士《もとへいし》である俺《おれ》にできる方法《ほうほう》で、動物《どうぶつ》を救《すく》おうって決《き》めたんだ」

「たしかに、戦場《せんじょう》で動物《どうぶつ》を救《すく》うのは、兵士《へいし》として戦争《せんそう》に行《い》ったことのある、あなたにしかできないことだわ……でも、危険《きけん》なこともたくさんあったんでしょう？」

「もちろん、あったよ。軍《ぐん》につかまって、ライフルを向《む》けられたこともある。何度《なんど》も命《いのち》を失《うしな》いかけた。でも元兵士《もとへいし》だからこそ、行《い》ける場所《ばしょ》がある。そう思《おも》うから、俺《おれ》は前線《ぜんせん》に行《い》って小《ちい》さな命《いのち》を救《すく》うことを、やめないんだ」

トミーの話《はなし》を聞《き》きながら、ぼくは思《おも》い出《だ》していた。

ぼくがトミーと出会《であ》ったのも、銃声《じゅうせい》が聞《き》こえてきて、ミサイルが落《お》ちてくる、危険《きけん》な場所《ばしょ》……前線《ぜんせん》だった。

ガラスの破片《はへん》が飛《と》び散《ち》っていたし、ミサイルで吹《ふ》き飛《と》ばされもした。

トミーがあの場所《ばしょ》にいたってことは、トミーだって、ミサイルで大《おお》ケガをしたっておかしくなかったんだ。

それでも、トミーは来《き》てくれた。

ぼくたちを救《すく》うために。

車《くるま》の中《なか》には、ぼくや、となりの黒《くろ》い犬《いぬ》のほかにも、たくさんの犬《いぬ》たちがいる。

トミーたちは、命《いのち》がけで、ここにいるぼくたち動物《どうぶつ》の、小《ちい》さな命《いのち》を救《すく》っているんだ。

トミーって、すごくかっこいい！

ソフィアに会《あ》えたら、トミーのことを話《はな》してあげよう。

◆
◆
◆

いつのまにか眠《ねむ》っていたぼくは、まぶしさに目《め》を覚《さ》ました。

ワゴン車《しゃ》は夜通《よどお》し走《はし》っていたみたいで、外《そと》はすっかり明《あか》るくなっていた。

ぼくは、ケージの中《なか》で「くうぅぅ」となって、大《おお》きくのびをした。

しばらくしてワゴン車《しゃ》が止《と》まると、トミーが後部座席《こうぶざせき》の扉《とびら》を開《ひら》いた。

「さあ、着《つ》いたぞ！　長《なが》い旅《たび》だったな」

外《そと》から、知《し》らない場所《ばしょ》の、知《し》らないにおいが流《なが》れこんでくる。

「ずいぶん、遠《とお》くに来《き》たみたいだな」

となりの黒《くろ》い犬《いぬ》が、鼻《はな》を上《あ》げてにおいをかぎながら言《い》った。

ここは、焼《や》けこげたイヤなにおいがしない。

それに、たくさんの犬《いぬ》たちの、楽《たの》しそうな鳴《な》き声《ごえ》が聞《き》こえてくる。

わんわん！

わんわんわん！

ぼくはうれしくなって「きゃいん！」と吠《ほ》えて、こたえた。


トミーに運《はこ》ばれて、ぼくはケージごとワゴン車《しゃ》を降《お》りた。

目《め》の前《まえ》には、大《おお》きな門《もん》。

門《もん》の中《なか》に入《はい》ると、だんだんと楽《たの》しげな鳴《な》き声《ごえ》が大《おお》きくなっていく。

ケージの中《なか》から、のぞき込《こ》むように辺《あた》りを見渡《みわた》す。

そこには、たくさんフェンスが立《た》ちならんでいた。

フェンスのなかには、数《かぞ》え切《き》れないほどの犬《いぬ》の姿《すがた》があった。

みんな、にこにこして、楽《たの》しそうに、

「いらっしゃい！」

「はじめまして」

って、口々《くちぐち》に吠《ほ》えて、歓迎《かんげい》してくれているみたい。

「ここが君《きみ》たちの新《あたら》しい家《いえ》だ」

トミーがケージの扉《とびら》を開《あ》けた。

おそるおそる外《そと》に出《で》ると、人間《にんげん》のおばあさんが、やさしいほほえみで出迎《でむか》えてくれた。

「ようこそ、新《あたら》しい仲間《なかま》たち！　ここは君《きみ》たちの新《あたら》しいお家《うち》、シェルターだよ」

シェルター？　それって、なに？

他《ほか》の犬《いぬ》たちもシェルターの意味《いみ》がわからないみたい。みんなで顔《かお》を見合《みあ》わせていると、近《ちか》くのフェンスの中《なか》にいた、ぼくと同《おな》じぐらい小《ちい》さい、茶色《ちゃいろ》い子犬《こいぬ》が教《おし》えてくれた。

「ここの『シェルター』っていうのはね、戦争《せんそう》でひとりぼっちになった動物《どうぶつ》に、ごはんをくれたり、さんぽしてくれたりする場所《ばしょ》なんだ。さっき言《い》ってたとおり、『新《あたら》しいお家《うち》』だよ！」

茶色《ちゃいろ》い子犬《こいぬ》の話《はなし》を聞《き》いていたかのように、人間《にんげん》のおばあさんが、大《おお》きな口《くち》を開《あ》けて、にかっと笑《わら》った。

「私《わたし》がここを管理《かんり》しているカテリーナ！　よろしくね！」

カテリーナがぼくたちを見《み》つめる目《め》は、やさしくて、あったかい。

ソフィアやトミーと同《おな》じ、ぼくたちのことが大好《だいす》き！　っていう目《め》だ。

トミーはぼくの頭《あたま》をなでながら、言《い》った。

「この子《こ》の名前《なまえ》はサーシャだ！　がれきだらけの町《まち》で、さまよっているのを保護《ほご》したんだ。これがこの子《こ》の首輪《くびわ》だ。ここに、名前《なまえ》が書《か》いてある」

そしてポケットから首輪《くびわ》を取《と》り出《だ》して、カテリーナに渡《わた》した。

「飼《か》い主《ぬし》からの大事《だいじ》な贈《おく》り物《もの》だ。しまっておいてくれ」

カテリーナは首輪《くびわ》を大切《たいせつ》そうに受《う》け取《と》ると、おだやかにほほえんだ。

「確《たし》かに受《う》け取《と》ったよ。この子《こ》の飼《か》い主《ぬし》が、もしここのシェルターにサーシャを探《さが》しに来《き》たら、きっとこの首輪《くびわ》が目印《めじるし》になるだろうね。ねえ、サーシャ！」

「わんっ！」

ありがとうって言《い》いたいぼくの気持《きも》ち、カテリーナに伝《つた》わったかな。

「カテリーナ、この子《こ》たちをたのむよ」

トミーはぼくを抱《だ》きあげた。

ふわりと体《からだ》が浮《う》き上《あ》がったかと思《おも》うと、カテリーナの腕《うで》の中《なか》にすっぽりとつつまれる。

はじめて抱《だ》かれたカテリーナの腕《うで》は、やわらかくてあったかい。

カテリーナはぼくの目《め》を見《み》て、にかっとほ

ほえむ。

そのようすを見届《みとど》けて、トミーはうなずいた。

「それじゃあ、俺《おれ》たちはもう行《い》くよ」

「なんだい？　もう行《い》ってしまうのかい？　少《すこ》しゆっくりしていきなよ」

引《ひ》き留《と》めるようなカテリーナの声《こえ》に、トミーが答《こた》えた。

「俺《おれ》を待《ま》っている命《いのち》がある。休《やす》んでる時間《じかん》はないんだ」

「トミー、この子《こ》たちの小《ちい》さな命《いのち》を救《すく》う、あなたの勇気《ゆうき》には本当《ほんとう》に感謝《かんしゃ》しているよ。あなたは素晴《すば》らしい。本当《ほんとう》に、なにがそこまであなたを突《つ》き動《うご》かすんだろうね」

カテリーナの質問《しつもん》に、トミーは力強《ちからづよ》く言《い》う。

「戦争《せんそう》には、『小《ちい》さな命《いのち》』も『大《おお》きな命《いのち》』もない。すべてを救《すく》うこと。それがとても大切《たいせつ》なんだ。小《ちい》さな命《いのち》を犠牲《ぎせい》にしない覚悟《かくご》が、『戦争《せんそう》』という暴力《ぼうりょく》に対《たい》する最高《さいこう》の抵抗《ていこう》なんだよ。俺《おれ》を突《つ》き動《うご》かしているのは、『戦争《せんそう》に屈《くっ》しない』という思《おも》いなんだ」

カテリーナの腕《うで》の中《なか》で、ぼくはトミーを見上《みあ》げた。

トミーは、ふとかがんで、ぼくの目《め》をのぞき込《こ》む。

目《め》と目《め》が合《あ》うと、静《しず》かにうなずきほほえんだ。

その瞳《ひとみ》には、ゆるぎない決意《けつい》が宿《やど》っていた。

トミーって、本当《ほんとう》に強《つよ》い人《ひと》なんだな。

◆◆◆

「もう、ひどい目《め》にあうんじゃないぞ。幸《しあわ》せに暮《く》らしてくれ！　それが俺《おれ》の願《ねが》いだ」

トミーは、がれきの町《まち》で保護《ほご》されたぼくたちに向《む》かって、手《て》を振《ふ》った。

車《くるま》のエンジンがかかって、ぼくたちのいるシェルターに背《せ》を向《む》けて、走《はし》り出《だ》す。

トミーは、再《ふたた》び戦場《せんじょう》へ戻《もど》る。

ぼくは、トミーと仲間《なかま》たちが乗《の》ったワゴン車《しゃ》が、遠《とお》ざかって、小《ちい》さくなって……見《み》えなくなるまで、ずっと門《もん》のところで、願《ねが》いをこめて見送《みおく》った。

どうか、トミーが無事《ぶじ》でありますように。

トミーに救《すく》われる、たくさんの命《いのち》が幸《しあわ》せに暮《く》らせますように。

そして、心《こころ》に決《き》めたんだ。
助《たす》けてもらった命《いのち》を、大切《たいせつ》にしようって。
しっかり、生《い》きていこうって。

7　はじめての友《とも》だち

それからしばらくの間《あいだ》、ケガが治《なお》るまで、ぼくはひとりですごした。

「ちょっとさみしいかもしれないけど、しばらくここで大人《おとな》しくしてるんだよ」

カテリーナはそう言《い》って、ぼくを、仲間《なかま》の犬《いぬ》たちがいるフェンスじゃなくて、お家《うち》の中《なか》に連《つ》れていったんだ。

カテリーナたちが住《す》んでいるお家《うち》の窓《まど》から、ぼくは毎日《まいにち》、仲間《なかま》たちが暮《く》らしているフェンスのほうをながめてた。

早《はや》く、あそこに行《い》きたいな、って思《おも》いながら。

そんな、ある日《ひ》……。

家《いえ》の中《なか》でうとうとしていたぼくは、コツコツ、という、窓《まど》ガラスをたたく音《おと》で目《め》をさました。

「……なんだろう？」

ふしぎに思《おも》って窓《まど》のところまで行《い》くと、そこには、茶色《ちゃいろ》い子犬《こいぬ》がいた。

「こんにちは」

にっこり笑《わら》って、あいさつをしてくれた。

「こんにちは！　……きみ、ぼくがここに来《き》たときに、『シェルター』の意味《いみ》を教《おし》えてくれた子《こ》だよね」

ここに来《き》て、はじめて話《はな》しかけてくれたのがうれしかったから、よく覚《おぼ》えている。

「覚《おぼ》えててくれたんだね、うん、そうだよ！」

「きみは、あのフェンスの中《なか》に住《す》んでいるんだよね。どうして、ここに？」

ぼくがいるこの家《いえ》は、この子《こ》の住《す》んでいるフェンスからは、少《すこ》し離《はな》れているはずだ。

ふしぎに思《おも》ってたずねると、茶色《ちゃいろ》い子犬《こいぬ》は言《い》った。

「きみはきっと、ぼくたちといっしょに暮《く》らすんだろうなって思《おも》っていたのに、いつまで経《た》っても会《あ》えないから、探《さが》してたんだ」

「フェンスを、ぬけ出《だ》してきたの？」

ぼくの質問《しつもん》に、茶色《ちゃいろ》い子犬《こいぬ》はいたずらっぽく笑《わら》った。

「うん。今《いま》はさんぽの時間《じかん》なんだけど、カテリーナが目《め》をはなしたスキをついて、ちょっとだけね。物置小屋《ものおきごや》の床下《ゆかした》にかくれれば、みんな、ぜったい気《き》づかないんだ。ぼくは、かくれんぼがとくいだからね」

その言《い》い方《かた》がおかしくて、ぼくは思《おも》わずくすっと笑《わら》った。

茶色《ちゃいろ》い子犬《こいぬ》が、首《くび》をかしげて言《い》った。

「ねえ、きみの名前《なまえ》は、なんていうの？」

「ぼくは、サーシャ。きみは？」

「ぼく、マルコ！　ねえ、ぼくたち、友《とも》だちになろうよ！」

きらきらした目《め》で言《い》うマルコに、ぼくはもちろん、

「うん、よろしくね！」

って返事《へんじ》した。

「きみは、いつからぼくたちといっしょに暮《く》らせるの？」

質問《しつもん》されて、ぼくは包帯《ほうたい》が巻《ま》かれている右《みぎ》の前足《まえあし》を上《あ》げた。

「ぼく、今《いま》、ケガをしてて、治《なお》るまではここにいなきゃいけないんだ」

「そうなんだ……。じゃあ、ケガが治《なお》って、いっしょに暮《く》らせるようになったら、ぜったい、ぜったい、遊《あそ》ぼうね。約束《やくそく》だよ！　かけっこや、かくれんぼや……きみといっしょにしたいことが、たくさんあるんだ」

「うん！　約束《やくそく》!!」

そう言《い》い合《あ》って、窓《まど》ガラスごしに約束《やくそく》したんだ。

ねえソフィア、ぼくに、はじめて犬《いぬ》の友《とも》だちができたよ。

早《はや》くケガを治《なお》して、いっしょにたくさん遊《あそ》びたいな！

◆
◆
◆

火事《かじ》のやけどや、ガラスで切《き》った足《あし》のケガがすっかり良《よ》くなったころ。

「サーシャ！　ここがあなたが暮《く》らすお部屋《へや》だよ」

ぼくはカテリーナに抱《だ》かれて、フェンスで仕切《しき》られた一角《いっかく》に連《つ》れて行《い》かれた。

このフェンスの中《なか》が、カテリーナの言《い》う『部屋《へや》』ってことみたい。

六匹《ぴき》ぐらいの子犬《こいぬ》が、ねころんだり、おもちゃで遊《あそ》んだりしている。

『部屋《へや》』の中《なか》には、屋根《やね》のついた犬小屋《いぬごや》もあって、四角《しかく》く開《あ》いた窓《まど》から、顔《かお》を出《だ》している犬《いぬ》もいた。

もちろん、その中《なか》には、マルコもいる！

「マルコ！　おまたせ!!　これから、いっしょに暮《く》らせるよ」

「いらっしゃい、サーシャ！　まってたよ」

二匹《ひき》であいさつしていると、カテリーナがびっくりしたようすで言《い》った。

「なんだい、もう友《とも》だちになったのかい。さすがだねえ」

本当《ほんとう》は、もっとずっと前《まえ》から、友《とも》だちになっていたけれど……。

マルコがこっそりおさんぽをぬけ出《だ》してきたことは、カテリーナは知《し》らないんだよね。

ぼくたちは、目《め》をあわせて、『ないしょだよ』って、こっそり笑《わら》った。

「みんな、この子《こ》がサーシャだよ！」

マルコは、部屋《へや》の中《なか》のみんなにも、ぼくを紹介《しょうかい》してくれた。

「はじめまして、よろしくね」

ぼくがあいさつすると、みんな、

「ケガはもうだいじょうぶ？」

「よく生《い》きのびられたね」

「ミサイル、こわかったね」

と、やさしく声《こえ》をかけてくれる。

ぼくは、このシェルターで、仲間《なかま》たちと、新《あら》たな生活《せいかつ》をはじめることになったんだ。

◆
◆
◆

このシェルターにいる人間《にんげん》は、カテリーナと、カテリーナの家族《かぞく》、ぼくたちのお世話《せわ》をするために働《はたら》いてくれているスタッフの人《ひと》たちや、ボランティアの人《ひと》たち。

たくさんの人《ひと》たちが、ぼくたち犬《いぬ》を、とても大切《たいせつ》にしてくれている。

きれいな飲《の》み水《みず》も、ごはんも、安心《あんしん》して口《くち》にすることができる。

おかげで、ひとりぼっちでさまよって、ボロボロになった心《こころ》も体《からだ》も、すっかり元気《げんき》になった。

でも、ひとつ、さびしく思《おも》っていることがあるんだ。

それは、ちぎれそうになった、赤《あか》い首輪《くびわ》。

ソフィアがぼくにくれた、大切《たいせつ》な贈《おく》り物《もの》。

カテリーナが大事《だいじ》にしまっておいてくれていることは分《わ》かっていたけれど、いつも身《み》につけていた首輪《くびわ》がないのは、やっぱりさびしい。

「どうしたんだい？　元気《げんき》がなさそうじゃないか？」
そっとぼくのそばに来《き》て、カテリーナはやさしく声《こえ》をかけてくれる。
あたたかい手《て》で、なでてくれる。
なでられていると、ぼくはソフィアのことを思《おも》い出《だ》してしまう。
元気《げんき》にしてるかな？
ちゃんとごはんは食《た》べてるかな？
あったかいベッドで眠《ねむ》れてるかな？
夜《よる》になると、いつもとなりで眠《ねむ》っていた、ソフィアの寝顔《ねがお》が思《おも》い浮《う》かんだ。
爆撃《ばくげき》のあったあの夜《よる》、ソフィアはベッドでぼくを抱《だ》きしめて、ふるえていたっけ。
こわい思《おも》いはしてないかな。
もし不安《ふあん》な気持《きも》ちでいるなら、今度《こんど》はぼくがソフィアを守《まも》ってあげたいのに。
今日《きょう》もソフィアを思《おも》い出《だ》して眠《ねむ》りにつく。
早《はや》くソフィアに会《あ》いたいよ……。

◆
◆
◆

カテリーナのシェルターには、新《あたら》しい仲間《なかま》が次々《つぎつぎ》とやってきた。

みんな、戦争《せんそう》で家《いえ》を失《うしな》ったり、飼《か》い主《ぬし》と離《はな》れたり……戦争《せんそう》で悲《かな》しい思《おも》いをした仲間《なかま》たちばかりだ。

みんながしてくれたように、ぼくも、新《あたら》しい仲間《なかま》に、

「ケガはしていない？」

「こわかったよね」

「ここはもう安全《あんぜん》だよ」

って、なるべく声《こえ》をかけようってがんばった。

みんな、ものすごくこわい思《おも》いをして、国中《くにじゅう》のいろんな場所《ばしょ》から、このシェルターにやってきたんだから。

話《はな》しかけると、どうしてこのシェルターにやってきたのか、何《なに》があったのか、みんな、

話《はな》して聞《き》かせてくれた。

ある日《ひ》のさんぽの時間《じかん》、毛並《けな》みのキレイな、ぼくより少《すこ》しだけお姉《ねえ》さんの犬《いぬ》も、自分《じぶん》に何《なに》が起《お》こったのか話《はな》してくれた。

「私《わたし》たちの住《す》む町《まち》は、ある日《ひ》、とつぜん、洪水《こうずい》になったのよ。戦争《せんそう》でダムがこわされて、ダムにためてあった水《みず》がすごい勢《いきお》いで流《なが》れこんできて、川《かわ》の水《みず》があふれてしまったの。私《わたし》のお家《うち》までは水《みず》はこなかったんだけど、飼《か》い主《ぬし》は、家族《かぞく》といっしょに避難《ひなん》したの。でも、私《わたし》は、ずっと鎖《くさり》につながれたまま。飼《か》い主《ぬし》は『水《みず》がひいたら、すぐに戻《もど》る』って言《い》ってたから、ずっと帰《かえ》ってくるのを待《ま》ってたの。でも、一週間《しゅうかん》経《た》っても戻《もど》ってこなくって……。みんなが避難《ひなん》したあとで道《みち》が水没《すいぼつ》してしまって、家《いえ》に戻《もど》りたくても、戻《もど》れなくなっちゃったみたいなのよ……」

ひとりぼっちで鎖《くさり》につながれて、おなかがすいても、のどがかわいても、どこにも行《い》けない……。

家族《かぞく》の帰《かえ》りをただ待《ま》つことしかできなかったお姉《ねえ》さん犬《いぬ》が、どんな気持《きも》ちでいたか、話《はなし》を聞《き》いただけなのに、つらい気持《きも》ちになってしまう。

「でもね、そんなときに、人間《にんげん》が助《たす》けてくれたの！　私《わたし》みたいに、取《と》り残《のこ》された動物《どうぶつ》を助《たす》け出《だ》すために、洪水《こうずい》の起《お》きた町《まち》を見《み》てまわっていたんですって。素早《すばや》く鎖《くさり》を切《き》って、車《くるま》に乗《の》せて、私《わたし》をここに連《つ》れてきてくれたのよ。安全《あんぜん》な場所《ばしょ》で食《た》べた、ひさしぶりのごはんと、きれいな水《みず》は、本当《ほんとう》においしかったわ」

お姉《ねえ》さん犬《いぬ》は、おだやかな表情《ひょうじょう》だ。

どんな場所《ばしょ》にも、ぼくたちを救《すく》ってくれる人間《にんげん》がいるっていう、安心《あんしん》した気持《きも》ちが伝《つた》わってきた。

体《からだ》の大《おお》きなたくましい黒《くろ》い犬《いぬ》は、おびえたように、うつむいて語《かた》った。

「俺《おれ》は、別《べつ》のシェルターに一ヶ月《かげつ》も閉《と》じ込《こ》められていたんだ。戦争《せんそう》で、武装《ぶそう》したロシアの兵士《へいし》が道《みち》をふさいでいたせいで、職員《しょくいん》がシェルターに来《こ》られなくなった。だから、エサも、飲《の》み物《もの》も、なにもない場所《ばしょ》で一ヶ月《かげつ》も過《す》ごしたんだよ。俺《おれ》は、こわれた窓《まど》からつたってくる雨水《あまみず》を飲《の》んで、なんとか生《い》きのびた。でも、他《ほか》の仲間《なかま》は次々《つぎつぎ》と死《し》んじまって……。五百匹近《ぴきちか》くの仲間《なかま》がいたけど、半数以上《はんすういじょう》はダメだった。地獄《じごく》ってのは、ここのことだって、そのときは思《おも》ったよ。思《おも》い出《だ》しただけでも、ふるえちまう」

誰《だれ》もこないオリの中《なか》で、ごはんも水《みず》ももらえずに、長《なが》い間《あいだ》閉《と》じ込《こ》められるなんて……。

それがどんなにつらいかなんて、ぼくには想像《そうぞう》することもできない。

でも、たくましい黒《くろ》い犬《いぬ》は、ふと顔《かお》を上《あ》げて、ほこらしげに言《い》った。

「一ケ月後《かげつご》、ボランティアで保護活動《ほごかつどう》をしていた人《ひと》たちがやってきて、俺《おれ》を地獄《じごく》から救《すく》ってくれた。彼女《かのじょ》たちの勇気《ゆうき》ある行動《こうどう》のおかげで、俺《おれ》の命《いのち》は助《たす》かったんだ」

話《はな》していると、他《ほか》の犬《いぬ》も、

「俺《おれ》の住《す》んでたところは……」

「わたしの飼《か》い主《ぬし》は……」

と、口々《くちぐち》に語《かた》り出《だ》す。

シェルターにいたにもかかわらず、戦争《せんそう》のせいでドッグフードが買《か》えなくなって、水《みず》でうすくのばした、まずいごはんを食《た》べていた犬《いぬ》の話《はなし》。

町《まち》が襲撃《しゅうげき》されて飼《か》い主《ぬし》がいなくなり、兄弟《きょうだい》たちといっしょに、家《いえ》に取《と》り残《のこ》された子犬《こいぬ》の話《はなし》……。

たくさんの、悲《かな》しい話《はなし》を聞《き》いた。

きっと、こんなにひどいことが自分《じぶん》に起《お》きてるんだってことが、信《しん》じられなくて……ひとりじゃかかえきれないんだと思《おも》う。

みんな、ぼくと同《おな》じように飼《か》い主《ぬし》とはなればなれになって、戦争《せんそう》のこわさにおびえながら、寒《さむ》さにふるえる夜《よる》をいくつも過《す》ごしてきた。

でも、どんなに絶望的《ぜつぼうてき》な状況《じょうきょう》でも、ぼくたちの命《いのち》を守《まも》るために、がんばってくれる人《ひと》がいる。

救《すく》われたときのこと、このシェルターに来《き》たときのことを話《はな》すみんなの顔《かお》は、おだやかで、ほこらしげで、あたたかだ。

みんなの話《はなし》を聞《き》いて、ぼくはすごくうれしくなったし、強《つよ》く生《い》きようと思《おも》えるんだ。

◆　◆　◆

同《おな》じ部屋《へや》でいっしょに暮《く》らしはじめたぼくとマルコは、約束《やくそく》どおり、かけっこをしたり、かくれんぼをしたり、毎日《まいにち》、いっしょに遊《あそ》んだ。

マルコは言《い》ってた通《とお》り、かくれんぼがすごく得意《とくい》なんだ。物置小屋《ものおきごや》の床下《ゆかした》だったり、倉庫《そうこ》と倉庫《そうこ》のすきまだったり、見《み》つかりにくい場所《ばしょ》にサッとかくれてしまう。

いつもなかなか見《み》つけられなくて、ちょっとくやしいぐらい。だから、ぼくは今度《こんど》こそマルコを見《み》つけるぞ！　って、何回《なんかい》も何回《なんかい》も「かくれんぼしよ！」ってマルコをさそったんだ。

マルコは、飼《か》い主《ぬし》のアンナの話《はなし》もよく聞《き》かせてくれた。

「アンナは、ぼくが生《う》まれたばかりの頃《ころ》から、いっしょにいたんだ。おさんぽのときは、いつも、かけっこ勝負《しょうぶ》をしてたんだよ。ぼくが負《ま》けてばっかりだったから、今度会《こんどあ》ったら、ぜったいに勝《か》つんだ」

「マルコは、ぼくよりかけっこが速《はや》いでしょ。きっと、次《つぎ》は勝《か》てるにちがいないよ！」

「えへへ。そうかな」

「ほかには？　アンナの話《はなし》、もっと教《おし》えて」

「えーっとね、毎晩《まいばん》、寝《ね》る前《まえ》にはアンナが毛布《もうふ》をふわっとかけて『マルコ、いい夢《ゆめ》を見《み》てね』って、ぼくの背中《せなか》をトントンってやさしく叩《たた》いてくれるんだよ。それがとっても気持《きも》ちよくて、ぼくはいつも、いつの間《ま》にか寝《ね》ちゃうんだよね」

「ぼくもだよ！　ぼくも、飼《か》い主《ぬし》のソフィアといっしょに寝《ね》てたんだ」

かけっこもかくれんぼも楽《たの》しいけれど、ふたりで、大好《だいす》きな飼《か》い主《ぬし》のことを話《はな》しているときが、ぼくは一番好《いちばんす》き。

そんなに大好《だいす》きなアンナと、はなればなれになってしまった日《ひ》のことも、マルコは話《はな》してくれた。

「アンナと歩《ある》いているときに、目《め》の前《まえ》にミサイルが落《お》ちたんだよ。すっごくこわくってさ。ぼくは走《はし》って逃《に》げちゃったんだよ」

「ぼくがソフィアとはなればなれになっちゃったのも、マルコと同《おな》じようなかんじなんだ」

そうして、ぼくがソフィアとはぐれて、どうしてこのシェルターに来《き》たのかを、じっと静《しず》かに聞《き》いてくれた。

「そっか、サーシャも、ソフィアが今《いま》どうしているかは、分《わ》からないんだね。……今《いま》ごろ、アンナは元気《げんき》にしてるかな。アンナもきっと、どこかでぼくを探《さが》しているはずだよ。ぼくがここで待《ま》っていることを、アンナに伝《つた》えられればいいのにね」

マルコはそう言《い》って、雪《ゆき》の降《ふ》り始《はじ》めた、くもり空《ぞら》を見上《みあ》げた。

そんなマルコをはげますように、ぼくは言《い》った。

「いつかアンナも、ここにマルコがいるって、気付《きづ》いてくれるよ。きっと、マルコのことを迎《むか》えに来《き》てくれる」

それは、ぼくの願《ねが》いでもあった。

アンナに会《あ》いたいマルコと、ソフィアに会《あ》いたいぼく。

どうか、ぼくたちふたりの願《ねが》いが、かないますように……。

◆　◆　◆

カテリーナやマルコ、スタッフのお兄《にい》さんやお姉《ねえ》さんに、たくさんの仲間《なかま》たち。

安全《あんぜん》で、安心《あんしん》して暮《く》らせる場所《ばしょ》をくれる、新《あたら》しい家族《かぞく》のような人《ひと》たちだ。

それでも、いつも心《こころ》の中《なか》にはソフィアがいた。

ソフィアは、今日《きょう》も無事《ぶじ》に眠《ねむ》りについたかな。

ぼくもそろそろ眠《ねむ》ろうかな。

ソフィアの夢《ゆめ》がみられたらいいな。

きょうは雪《ゆき》が積《つ》もっているけれど、ソフィアのことを考《かんが》えると、心《こころ》がぽかぽかあたたかくなってくる。

すこし幸《しあわ》せな気持《きも》ちになって、目《め》を閉《と》じたときだった。

ぼくの小《ちい》さな希望《きぼう》は、あっけなく打《う》ちくだかれた。

ひゅ――――っ、という細《ほそ》い音《おと》が遠《とお》くから聞《き》こえてきたと思《おも》ったら、

ド――ン！

……と、大《おお》きな音《おと》が響《ひび》き渡《わた》る。

「な……なに!?」

続《つづ》けて、いくつもの大《おお》きな爆発音《ばくはつおん》がぼくの耳《みみ》をつらぬき、シェルターは一瞬《いっしゅん》にして炎《ほのお》に包《つつ》まれた。

8　おそいかかる爆撃《ばくげき》

空気《くうき》がピリピリと揺《ゆ》れている。
ミサイルだ。
シェルターが、攻撃《こうげき》されたんだ！
フェンスごしに、次々《つぎつぎ》に降《ふ》り注《そそ》ぐミサイルが見《み》えた。
ガシャン！
ガラスが割《わ》れる音《おと》や、建物《たてもの》がくずれる音《おと》が聞《き》こえてくる。
わん！
わんわん！
わおーーん!!

仲間《なかま》の犬《いぬ》たちは、こわくて、不安《ふあん》で、ミサイルに向《む》かって吠《ほ》えたてた。

ぼくは、あのドライブインの売店《ばいてん》のことを思《おも》い出《だ》していた。

こわい。いやだ！

体《からだ》がすくんで動《うご》けないでいると、

「だいじょうぶ！　安心《あんしん》して!!」

という声《こえ》とともに、フェンスの扉《とびら》が開《ひら》いて、ぼくの体《からだ》はふわりと浮《う》いた。

「行《い》くよ！　避難《ひなん》だ」

ぼくを片手《かたて》で抱《かか》えているのは、カテリーナだった。

同《おな》じ部屋《へや》にいた、白《しろ》い子犬《こいぬ》の兄弟《きょうだい》や、黒《くろ》い子犬《こいぬ》……とにかく、抱《かか》えられるだけおおぜいの犬《いぬ》たちを抱《かか》えて、カテリーナは走《はし》り出《だ》した。

フェンスの間《あいだ》を駆《か》けぬけるカテリーナの腕《うで》の中《なか》で、こげくさいにおいを感《かん》じ取《と》って、においのほうへと顔《かお》を向《む》ける。

そこでは、いくつもの犬小屋《いぬごや》が燃《も》えていた。

庭《にわ》にはえていた木《き》や、カテリーナたちの住《す》む家《いえ》……シェルターの、いたるところが、ご

おごおと赤《あか》い炎《ほのお》に包《つつ》まれている。

「あっちの部屋《へや》の犬《いぬ》は、全員避難《ぜんいんひなん》させたよ」

「じゃあ、私《わたし》は一番奥《いちばんおく》の犬《いぬ》たちを連《つ》れてくるわ！」

けむりのむこう側《がわ》から、汗《あせ》を流《なが》しながら犬《いぬ》たちを避難《ひなん》させている、スタッフのお兄《にい》さんとお姉《ねえ》さんの声《こえ》が聞《き》こえてきた。

ぼくたち、どうなっちゃうんだろう。

ぼくは、赤《あか》く燃《も》え上《あ》がる炎《ほのお》を見《み》つめることしかできなかった。

カテリーナがぼくたちを連《つ》れてきてくれたのは、地下《ちか》にある避難場所《ひなんばしょ》だ。
ここなら、炎《ほのお》やけむりは入《はい》ってこないし、ミサイルで壊《こわ》れたりもしない。
そこには、多《おお》くの仲間《なかま》たちが集《あつ》まって、不安《ふあん》そうに、ふるえて身《み》を寄《よ》せ合《あ》っていた。
ぼくも、床《ゆか》にへたりこんでしまった。体《からだ》のふるえが止《と》まらない。
どうして、このシェルターが攻撃《こうげき》されたんだろう。
ここは安全《あんぜん》だって、カテリーナは話《はな》していたのに。
ぼくがここに来《き》てから、サイレンも聞《き》いたことがなかった。
あれって、ミサイルが落《お》ちてくる前《まえ》に鳴《な》るんでしょう？
だから、すっかり安全《あんぜん》だと思《おも》い込《こ》んでいたんだ。
「狙《ねら》われたのは給水塔《きゅうすいとう》だよ」
「標的《ひょうてき》の給水塔《きゅうすいとう》からそれたミサイルが、こっちに落《お》ちてきたのね」
カテリーナたちが、ひそひそと話《はな》している。
給水塔《きゅうすいとう》……って、シェルターのとなりにある、長細《ながほそ》くて、大《おお》きな建物《たてもの》のことだよね。

水《みず》をためた大《おお》きなタンクなんだって、おじいさんの犬《いぬ》が言《い》っていたっけ。

「まったく、困《こま》ったことになったわね。すぐにおさまればいいけど」

カテリーナは、ため息《いき》をつきながら言《い》った。

安全《あんぜん》なはずのシェルターで、また、こんなこわいことが起《お》こるなんて……。

もう、安心《あんしん》して暮《く》らせる場所《ばしょ》なんて、どこにもないのかもしれない。

戦争《せんそう》は、どこまでも、ぼくたちを追《お》いかけてくる。

いつまで、こんなことが続《つづ》くんだろう。

このシェルターで安心《あんしん》して、おだやかに暮《く》らしていたはずのぼくたちだけど……。

爆発音《ばくはつおん》と、炎《ほのお》と、けむりのにおいで、すっかり保護《ほご》される前《まえ》の、ひどい目《め》にあっていたことを思《おも》い出《だ》してしまっていた。

マルコだって、きっと、アンナとはなればなれになってしまったときのことを、思《おも》い出《だ》していているにちがいない。

ミサイルが落《お》ちてきたせいで、アンナとはぐれてしまったんだって、マルコは言《い》っていたから……。

……あれ？

そういえば、マルコは？

胸《むね》の奥《おく》がざわついた。

あたりを見回《みまわ》して、マルコを探《さが》す。

「マルコ？」

呼《よ》んでみても、返事《へんじ》はない。

いつもなら、

「どうしたの、サーシャ？」

って、すぐにこたえてくれるはずなのに。

でも、いないはずがないよね。

フェンスの中《なか》にいた犬《いぬ》たちは、みんな、この地下室《ちかしつ》に避難《ひなん》しているはずだよね？

「マルコ……？」

「ねえ、きみ、マルコを探《さが》しているの？」

話《はな》しかけてきたのは、同《おな》じフェンスから地下室《ちかしつ》に来《き》た、黒《くろ》い子犬《こいぬ》。

「うん。マルコのこと、見《み》かけなかった？」

「そういえば、見《み》てないかも……。地下室《ちかしつ》の奥《おく》のほうには、いなかったよ」

「いったい、どこにいるんだろう」

ぼくをここに運《はこ》んでくれたカテリーナの腕《うで》の中《なか》には、マルコはいなかった。

もしかして、まだ、フェンスの中《なか》に取《と》り残《のこ》されてるんじゃ……!?

ぼくは、炎《ほのお》に包《つつ》まれた犬小屋《いぬごや》のことを思《おも》い出《だ》した。

もし、そうだったら、大変《たいへん》だ!!

いてもたってもいられず、地下室《ちかしつ》の扉《とびら》へと駆《か》け寄《よ》った。

はやく地下室《ちかしつ》から出《で》て、マルコを探《さが》しに行《い》かないと！

「マルコ！　マルコー！」

扉《とびら》を開《あ》けようとするけれど、重《おも》くて、びくともしない。

思《おも》い切《き》り、扉《とびら》に体当《たいあ》たりをしてみる。

ドンッ！

でも、やっぱり扉《とびら》はぴったりと閉《と》じたまま。

「お願《ねが》い。開《あ》けて。開《あ》けて！」

ぼくは「わんわん」と吠《ほ》えながら、前足《まえあし》でガリガリと扉《とびら》を引《ひ》っかいた。

必死《ひっし》だった。

カテリーナでもだれでもいい。お願《ねが》い、気《き》づいて！　扉《とびら》を開《あ》けて!!

「どうしたんだい？」

ぼくのようすがおかしいことに、カテリーナが気《き》づいてくれた。

「そんなに不安《ふあん》がることはないよ」

カテリーナがぼくを抱《だ》き上《あ》げようとしたとき、スタッフのお兄《にい》さんが声《こえ》をあげた。

「その子《こ》、茶色《ちゃいろ》い子犬《こいぬ》の……マルコと仲良《なかよ》しの子《こ》ですよね」

「ああ、そうだよ。……そういえば、サーシャ、今《いま》はマルコといっしょじゃないのかい？」

カテリーナが、気《き》づいてくれるかもしれない！

ぼくは、もう一度《いちど》扉《とびら》に向《む》かって「わんわん！」と吠《ほ》えた。

お兄《にい》さんが、カテリーナに向《む》かって言《い》った。

「その子《こ》、ずっとひとりでいました。だから気《き》になって、いま、地下室《ちかしつ》でマルコを探《さが》してたんです」

「えっ……そんな」

カテリーナが、あせったようにあたりを見回《みまわ》した。

ふたりの話《はなし》を聞《き》いていたスタッフの人《ひと》たちも、ざわめいて、避難《ひなん》している犬《いぬ》たちを見《み》て回《まわ》る。

「大変《たいへん》だ、マルコがいない！」

カテリーナは、ハッとしたように言《い》った。

「もしかして、まだフェンスの中《なか》に取《と》り残《のこ》されてるんじゃ……!?」

ぼくは扉《とびら》をカリカリとひっかき続《つづ》けた。

「そうだよ！　きっと取《と》り残《のこ》されてるんだよ！　早《はや》く！　早《はや》くしないとマルコが！！」

力《ちから》の限《かぎ》り、ぼくは吠《ほ》えて、うったえた。

きっと、ぼくの言葉《ことば》は人間《にんげん》には「わんわん！」としか聞《き》こえていない。

「外《そと》を見《み》に行《い》きましょう！」

カテリーナはそう言《い》って、扉《とびら》のノブに手《て》をかけた。

よかった、ぼくの必死《ひっし》な声《こえ》が伝《つた》わったんだ！

ギィ……。

音《おと》を立《た》てて扉《とびら》が開《ひら》いたとたん、ぼくは一目散《いちもくさん》に飛《と》び出《だ》した。

「待《ま》ちなさい、サーシャ!!　外《そと》は危《あぶ》ないわっ！」

ぼくはカテリーナの声《こえ》を背中《せなか》で聞《き》きながら、全速力《ぜんそくりょく》で階段《かいだん》をのぼった。


急《いそ》がなきゃ！　ぼくたちの部屋《へや》はあっちだっけ？

ぼくたちが避難《ひなん》したときよりも、炎《ほのお》は大《おお》きくなり、けむりがもうもうと立《た》ちこめている。

「マルコー！　マルコー！」

火《ひ》の粉《こ》が舞《ま》う中《なか》を、ぼくは走《はし》った。

赤《あか》く光《ひか》る燃《も》えかすが、ぼくの毛皮《けがわ》を焼《や》く。

でも、熱《あつ》さなんて感《かん》じなかった。

はあはあはあ……。

ぼくは息《いき》を切《き》らしながら、部屋《へや》へとたどりついた。

「どこにいるの？　マルコ！　マルコ、返事《へんじ》をして！！！」

呼《よ》びかけながら、部屋《へや》の中《なか》を探《さが》す。

そこに、マルコの姿《すがた》はなかった。

どこに行《い》ったの……？

地下室《ちかしつ》から走《はし》り出《で》てきたカテリーナたちも、必死《ひっし》にマルコを探《さが》している。

「マルコ、どこ⁉」

部屋《へや》にいなくても、シェルターの中《なか》にはきっといる。

ぜったい、そばにいるはずなんだ！

ぼくはあわてて部屋《へや》を飛《と》び出《だ》し、あたりを駆《か》け回《まわ》った。

お願《ねが》いだから、返事《へんじ》をして！

ぼくは走《はし》りながらマルコを呼《よ》んだ。

「わおーん！！！」

ぼくの叫《さけ》びが響《ひび》き渡《わた》る。

そのとき……。

「くーん……」

弱々《よわよわ》しい声《こえ》が、風《かぜ》に乗《の》って聞《き》こえてきた。

物置小屋《ものおきごや》のほうから聞《き》こえた気《き》がする。

ぼくはハッとした。

もしかして……!?

「マルコ、マルコ！　ここにいるの!?」

ぼくは、いつもマルコがかくれていた、物置小屋《ものおきごや》の床下《ゆかした》をのぞき込《こ》んだ。

「くーん……」

「マルコ！！」

そこには、力《ちから》なく鼻《はな》を鳴《な》らす、マルコがいた。

ぼくはマルコのそばに駆《か》け寄《よ》った。

マルコは目《め》を閉《と》じて、ぐったりしていた。

体《からだ》のあちこちが、赤《あか》く焼《や》けただれている。

やけどしてるんだ……！

「しっかりして、マルコ！」

声《こえ》をかけると、マルコは、うっすらと目《め》を開《あ》けて言《い》った。

「サーシャ……。来《き》てくれたんだね……」

ぼくと目《め》が合《あ》うと、マルコは、ほんの少《すこ》し安心《あんしん》したような顔《かお》をした。

「ぼく……ミサイルがこわいんだ。前《まえ》に、ひどい目《め》にあったし……だから、カテリーナがフェンスの扉《とびら》を開《あ》けたときに、びっくりして、飛《と》び出《だ》しちゃったんだ……。それで、ここにかくれてて……」

マルコは、痛《いた》みでうめきながら、とぎれとぎれに言《い》った。

やっぱり、マルコは、飼《か》い主《ぬし》のアンナと別《わか》れた日《ひ》のことを、思《おも》い出《だ》してしまったんだね。

思《おも》い出《だ》して、こわくて……飛《と》び出《だ》しちゃったんだ。

「うん、マルコ。すごくこわかったよね。でも、もうだいじょうぶだからね。いっしょに、地下室《ちかしつ》へ行《い》こう。きっとカテリーナたちが手当《てあ》てしてくれるよ」

「うん……ありがとう……」

ぼくはすぐ、空《そら》に向《む》かって、

「わおーん！　わおーん!!」


と、大《おお》きな声《こえ》で吠《ほ》えた。

お願《ねが》い、カテリーナ、すぐに来《き》て。

マルコはここにいるよ！

ぼくの声《こえ》に気《き》づいて、カテリーナがあわてて駆《か》け寄《よ》ってくる。

「こんなところにいたのかい、マルコ！　今《いま》すぐに手当《てあ》てするからね。サーシャ、マルコを見《み》つけてくれてありがとう。ふたりとも、行《い》くよ！」

やけどを負《お》ったマルコと、ぼくを抱《だ》き上《あ》げて、カテリーナは地下室《ちかしつ》へ走《はし》り出《だ》した。

マルコは、地下室《ちかしつ》の片隅《かたすみ》にしかれた、ふわふわの毛布《もうふ》の上《うえ》に寝《ね》かされた。

「だいじょうぶよ、マルコ。少《すこ》し痛《いた》いかもしれないけれど、すぐに良《よ》くなるからね」

カテリーナはマルコのやけどを、氷《こおり》で冷《ひ》やす。

「獣医《じゅうい》さんとは連絡《れんらく》がとれた？」

カテリーナがスタッフのお兄《にい》さんに聞《き》いた。

「電話《でんわ》はつながったんですが、この爆撃《ばくげき》で、道《みち》ががれきでふさがれていて、こられないって……」

お兄《にい》さんは、困《こま》った顔《かお》で言《い》った。

「しょうがない。私《わたし》たちで手当《てあ》てするしかないわね。包帯《ほうたい》ときれいな水《みず》を持《も》って来《き》て」

カテリーナは、テキパキと指示《しじ》をして、マルコの治療《ちりょう》を進《すす》めていく。

ぼくは毛布《もうふ》のすみで、祈《いの》りながら、そのようすを見《み》つめていた。

「ううっ……アンナ……」

マルコはうわごとのように、アンナの名前《なまえ》を呼《よ》んでいる。

「アンナ……会《あ》いたいよ……」

マルコの苦《くる》しそうな顔《かお》を見《み》ると、ぼくの胸《むね》はチクチクと痛《いた》む。

どうして、マルコがこんな目《め》にあうの？

マルコは、悪《わる》いことなんて、何《なに》もしていないのに……。

「ちょっと沁《し》みるかもしれないけど、がまんするんだよ」

カテリーナが、傷《きず》のまわりを洗《あら》いはじめた。

水《みず》や包帯《ほうたい》がやけどに触《ふ》れるたびに、マルコはうめいて、ピクリと体《からだ》を動《うご》かす。

ぼくはいてもたってもいられなくて、声《こえ》をかける。

「だいじょうぶだよ。ぼくがそばにいるからね。きっと元気《げんき》になるよ。アンナにだってきっと会《あ》えるよ」

マルコは元気《げんき》になる。

元気《げんき》になってほしい。

そんな願《ねが》いをこめて、はげまし続《つづ》けた。

「サーシャは、やさしいね」

ぼくの言葉《ことば》に、マルコは力《ちから》なく笑《わら》う。

「いい子《こ》ね、マルコ。もう少《すこ》しだけがんばりましょうね」

カテリーナは休《やす》むことなく、マルコの手当《てあ》てを続《つづ》けている。

マルコを助《たす》けたい。

カテリーナとぼくの思《おも》いは、地下室中《ちかしつじゅう》に広《ひろ》がった。

人間《にんげん》も犬《いぬ》も、みんなマルコの無事《ぶじ》を祈《いの》っている。

「うぅ……っ」

マルコの苦《くる》しそうなうめき声《ごえ》が聞《き》こえてくる。

「マルコ！　だいじょうぶだから！　ぜったいに治《なお》るから」

明日《あした》までがんばれば、きっと獣医《じゅうい》さんが来《き》てくれるよ。

そしたらきっと、すぐ良《よ》くなるよ。

神様《かみさま》、どうか、マルコを助《たす》けて……。

どれだけ祈《いの》っても、マルコの呼吸《こきゅう》は、どんどん弱《よわ》くなっていく。

「アンナ……アンナ……」

「マルコ、アンナにまた会《あ》うんでしょ。会《あ》って、かけっこ勝負《しょうぶ》をして、ぜったいに勝《か》つんでしょ。だから、早《はや》く元気《げんき》にならないと、ダメなんだよ」

呼《よ》びかけた、そのとき……。

「サーシャ……」

マルコが、ぼくの名前《なまえ》を呼《よ》んだ。

ぼくはハッとして、マルコの顔《かお》を見《み》た。

「どうしたの？　マルコ」

「ありがとうね……サーシャ……」

「ぼく、なにもしてないよ」

そこまで言《い》って、ぼくは言《い》い直《なお》した。

「……なにもできてないよ」

「友《とも》だちになってくれたでしょ……？　ぼくの、はじめての友《とも》だちに……」

「友《とも》だち……」

マルコの言《い》う通《とお》りだった。

ぼくにとっても、マルコは生《う》まれてはじめてできた友《とも》だちだ……。

大好《だいす》きな人《ひと》と会《あ》えなくなった、辛《つら》い体験《たいけん》を打《う》ち明《あ》けあって、毎日《まいにち》、いっしょに過《す》ごした。

かけがえのない、友《とも》だち。

「ぼく……アンナに……会《あ》えなかった。会《あ》ったら、かけっこ勝負《しょうぶ》をしたかったし、話《はな》したいことも、たくさん、たくさん、あったのに……」

マルコが涙《なみだ》でふるえる声《こえ》で、ぼくを見《み》つめて言《い》った。

「でも、サーシャ……きみは……ソフィアに……会《あ》ってよね……ぜったいだよ……」

「マルコ……。ぼく……ぼく……」

ぼくの声《こえ》も、ふるえている。

目《め》の前《まえ》にいるマルコの姿《すがた》が、涙《なみだ》のむこうでゆれた。

「サーシャは、ぜったいに、ソフィアに会《あ》える……！　友《とも》だちのぼくが言《い》うんだから、間《ま》違《ちが》いないよ……ねっ、だからさ、泣《な》かないで。笑《わら》ってよ」

「うん……。マルコ……ありがとうね……」

ぼくは、わきあがる涙《なみだ》をこぼしてしまわないようにして、笑《わら》った。

一生懸命《いっしょうけんめい》、笑《わら》った。

ぼくの笑顔《えがお》を見《み》たマルコは、ぼくに返《かえ》すようにかすかにほほえんで、目《め》を閉《と》じた。

マルコはそれっきり、動《うご》かなくなった。

もう、息《いき》もしていない。

「マルコ……マルコ……」

ぼくはマルコによりそって、泣《な》いた。

もう笑《わら》うなんてできなかった。

マルコの体《からだ》から、静《しず》かにぬくもりが消《き》えていった。


ぼくは一晩中《ひとばんじゅう》、泣《な》いた。

カテリーナもぼくを抱《だ》きしめながら、ただ静《しず》かに涙《なみだ》を流《なが》していた。

いっしょの部屋《へや》にいた、黒《くろ》い子犬《こいぬ》も、白《しろ》い子犬《こいぬ》のきょうだいも。

おさんぽのときに話《はな》した、お姉《ねえ》さん犬《いぬ》も、お兄《にい》さん犬《いぬ》も。
ぼくたちは、マルコのために泣《な》き続《つづ》けた。
もう二度《にど》と、こんなつらい思《おも》いは、したくないよ。
ぼくは戦争《せんそう》が早《はや》く終《お》わることだけを、ただ祈《いの》り続《つづ》けた。

9　新《あら》たな旅立《たびだ》ち

マルコがいなくなって、一週間《しゅうかん》が経《た》った。

シェルターでの生活《せいかつ》は、急《きゅう》に厳《きび》しくなっていった。

給水塔《きゅうすいとう》がミサイルで破壊《はかい》されたせいで、水道《すいどう》が使《つか》えなくなってしまった。

犬小屋《いぬごや》も壊《こわ》されて、穴《あな》が開《あ》いてしまっている。

シェルターから外《そと》の町《まち》へつながる道路《どうろ》は、がれきでふさがれ、通《とお》れないまま。

だから、生《い》きていくのに必要《ひつよう》なものが足《た》りなくても、運《はこ》んでくることすらできない……。

でも、ひどい状況《じょうきょう》の中《なか》でも、カテリーナたちは前向《まえむ》きだった。

「どうにもならないなら、どうするかを考《かんが》えればいいのさ！」

◆
◆
◆

まず、カテリーナたちは積《つ》もっていた雪《ゆき》を集《あつ》め出《だ》した。

「こんなに雪《ゆき》があるんだから、溶《と》かして水《みず》にすればいい。これで、あんたたちの飲《の》み水《みず》の心配《しんぱい》はなくなったね」

カテリーナは、犬《いぬ》たちに向《む》かって、にかっと口《くち》を大《おお》きく開《あ》けて笑《わら》った。

でも、雪《ゆき》を飲《の》み水《みず》にするのは、大変《たいへん》な作業《さぎょう》だ。

雪《ゆき》をスコップで何時間《なんじかん》もかけて集《あつ》めて、カテリーナたちの家《いえ》の中《なか》に運《はこ》び、大《おお》きな鍋《なべ》に入《い》れて、溶《と》かして、水《みず》にする。

相当《そうとう》な手間《てま》がかかるし、カテリーナはすごく元気《げんき》に見《み》えるけれど、おばあさんだ。

雪《ゆき》を運《はこ》ぶ作業《さぎょう》だって、重《おも》いし、寒《さむ》いし、簡単《かんたん》じゃない。

他《ほか》にも、カテリーナたちは、ぼくたちが快適《かいてき》に過《す》ごせるように、さまざまな工夫《くふう》をしてくれた。

犬小屋《いぬごや》に開《あ》いた穴《あな》には、壊《こわ》れた建物《たてもの》からはがしてきた板《いた》を打《う》ち付《つ》けて、風《かぜ》が吹《ふ》き込《こ》まないようにする。

板《いた》が足《た》りなくなれば、防水《ぼうすい》シートを使《つか》う。

寒《さむ》い夜《よる》に、ぼくたちが少《すこ》しでもあったかく過《す》ごすにはどうしたらいいか、カテリーナたちはたくさん考《かんが》えてくれたんだ。

「これで少《すこ》しは、寝《ね》やすくなるでしょ」

カテリーナは、修理《しゅうり》したぼくらの犬小屋《いぬごや》を見《み》ながら言《い》った。

カテリーナの額《ひたい》には、汗《あせ》が流《なが》れている。

ありがとう、カテリーナ！

ぼくは、思《おも》わず「わんわん！」と、お礼《れい》を言《い》った。

「良《い》い声《こえ》だね！　私《わたし》はね、あんたたちがよろこんでる姿《すがた》を見《み》るのが、一番《いちばん》の幸《しあわ》せだよ。あんたたちのためなら、どんなことでもやりたくなっちゃう」

水道《すいどう》が止《と》まってしまって、住《す》む場所《ばしょ》に穴《あな》が開《あ》いてしまっているのは、カテリーナたちだって同《おな》じはずだ。

でも、カテリーナは、ぼくたちのことを一番《いちばん》に考《かんが》えてくれる。

ぼくは、心《こころ》の中《なか》でマルコに語《かた》りかける。

ねえ、マルコ。カテリーナたちって、本当《ほんとう》にすごい人《ひと》たちだね。

カテリーナたちに救《すく》ってもらった命《いのち》と、マルコにたくされた願《ねが》いのことを思《おも》うと、ぼくは、前《まえ》を向《む》いて生《い》きていかなきゃっていう気持《きも》ちになる。

◆◆◆

でも、さらに、一週間《しゅうかん》が過《す》ぎたころ。

カテリーナと家族《かぞく》たちは、深刻《しんこく》そうな顔《かお》をして、話《はな》しこむことが増《ふ》えた。

「もう、ほとんどなくなってしまったわ……」

そのとき、カテリーナが手《て》に持《も》っていたのは、ドッグフードの袋《ふくろ》だ。

ひとかかえほどもある大《おお》きな袋《ふくろ》だけど、中身《なかみ》はもう、からっぽだった。

「道路《どうろ》はまだがれきだらけで、ドッグフードを車《くるま》で運《はこ》ぶことはできなそうだ」

「運《はこ》べたとしても、どこにドッグフードの在庫《ざいこ》があるか……」

「これから、どんどん戦火《せんか》はひどくなっていくのに。そしたら、どうやってみんなのごはんを仕入《しい》れたらいいのかしら」

「みんなを守《まも》り続《つづ》けるのは、むずかしいかもしれないわね」

カテリーナが、暗《くら》い声《こえ》で言《い》った。

「ここも、限界《げんかい》かもしれない」

その言葉《ことば》を聞《き》いた瞬間《しゅんかん》、ぼくの胸《むね》がドクンと大《おお》きく鳴《な》った。

ソフィアのパパとママがこわい顔《かお》で話《はな》していた、あのときと同《おな》じだ。

あのときと同《おな》じように、このシェルターを離《はな》れるの？

それで、カテリーナとも、はなればなれになっちゃうの？

この場所《ばしょ》を離《はな》れるときは、ソフィアのところに戻《もど》るときだって思《おも》っていた。

ソフィアにも会《あ》えずに、カテリーナたちと別《わか》れるなんて嫌《いや》だ。

ぼくはまた、ひとりぼっちになるの？

その夜《よる》、ぼくは眠《ねむ》れなかった。

◆
◆
◆

眠《ねむ》れなくても、朝《あさ》はやってくる。

ぼくはまぶしい朝日《あさひ》に、まばたきをした。

空《そら》は雲《くも》ひとつなく、なんの悩《なや》みもないみたいに、晴《は》れわたっているというのに。

水《みず》も食料《しょくりょう》も、どこにもない。

ソフィアといっしょに行《い》った、あのからっぽのスーパーマーケットを思《おも》い出《だ》していた。

ぼくは、いつまで生《い》きていけるんだろう。

ぼくを救《すく》ってくれたトミーや、アンナに会《あ》えないまま旅立《たびだ》ったマルコのためにも、生《い》きたかった。

生《い》きてソフィアに会《あ》いたかった……。


ブロロロロロッ！

そのとき、遠《とお》くから、エンジンの音《おと》が聞《き》こえてきた。

スタッフのお兄《にい》さんが門《もん》に駆《か》け寄《よ》り、開《あ》け放《はな》つ。

やがて、三台《だい》の大《おお》きな車《くるま》が入《はい》ってきた。

「ありがとう、デニス！　よく来《き》てくれたね！」

カテリーナは、すぐに降《お》りてきた男《おとこ》の人《ひと》に駆《か》け寄《よ》って、声《こえ》をかけていた。

「こんなときですから、困《こま》ったときは頼《たよ》ってください。ドッグフードも水《みず》も、そのほかにも必要《ひつよう》なものをありったけ、車《くるま》に積《つ》めるだけ積《つ》んできましたから」

車《くるま》から、ドッグフードや水《みず》、毛布《もうふ》が、次々《つぎつぎ》に下《お》ろされていく。

作業《さぎょう》が一段落《いちだんらく》つくと、ぼくのそばで、デニスと呼《よ》ばれていた車《くるま》から降《お》りてきた人《ひと》と、スタッフのお兄《にい》さんが話《はな》し始《はじ》めた。

「ありがとうございます。助《たす》かりました。ちょうど今日《きょう》、みんなにあげるドッグフードがなくなってしまったところだったんです。でも、どうやって車《くるま》でここまで来《こ》られたんですか？　がれきで道《みち》がふさがっていると聞《き》いていましたが……」

「みんなで、手作業《てさぎょう》でがれきをどかしたんですよ。どかすのに手間取《てまど》ったせいで、ここに到着《とうちゃく》するのに時間《じかん》がかかってしまって、ヒヤヒヤしました。でも、間《ま》に合《あ》ったようでよかったです」

デニスと呼《よ》ばれていた男《おとこ》の人《ひと》は、カテリーナたちとは別《べつ》の、動物《どうぶつ》の保護活動《ほごかつどう》をしている人《ひと》たちのリーダーらしい。

「みんな、ごはんだよ！　たくさんお食《た》べ」

カテリーナは、ドッグフードを両手《りょうて》で抱《かか》えて、ぼくの部屋《へや》にもやってきた。

そして、たっぷりトレイに入《い》れてくれた。

いろんな人《ひと》たちが連絡《れんらく》をとりあって、助《たす》け合《あ》って、運《はこ》んできてくれたごはん。

ひとくち食《た》べると、ぼくの胸《むね》はじーんとあったかくなった。

部屋《へや》の中《なか》の仲間《なかま》たちも、みんな、うれしそうにごはんを食《た》べている。

ぼくたちを見《み》て、カテリーナは笑《わら》った。

「ははは、ゆっくりお食《た》べ。おなかを壊《こわ》しちまうからね」

◆　◆　◆

おなかいっぱいごはんを食《た》べて、みんな、うとうとしはじめたころ。

「このシェルターも、ひどい被害《ひがい》にあってしまってね……」

カテリーナは、ぼくの部屋《へや》の近《ちか》くで、デニスと話《はな》しはじめた。

「給水塔《きゅうすいとう》を狙《ねら》った爆撃《ばくげき》に、巻《ま》きこまれたんですよね」

「……ああ。あの爆撃《ばくげき》で、マルコっていう子犬《こいぬ》をひとり、死《し》なせてしまったんだ……」

カテリーナが、悲《かな》しそうにうつむいた。

デニスは、いたわるように、ふるえるカテリーナの背中《せなか》をさすった。

「……ありがとう」

「お気持《きも》ちは、とても分《わ》かります。私《わたし》も……同《おな》じような思《おも》いを、したことがありますから」

「……」

カテリーナはしばらくだまりこんだあと、ひとつ息《いき》をついて、もう一度《いちど》話《はな》し始《はじ》めた。

「マルコがいなくなっただけじゃない。爆撃《ばくげき》のせいで、あちこち燃《も》えたし、壊《こわ》れてしまった。いろいろ工夫《くふう》して、なんとかやってきたけれど……爆撃《ばくげき》の前《まえ》と同《おな》じようなお世話《せわ》は、ここではもう、できないかもしれないね」

「ウクライナは、どこも危険《きけん》です。私《わたし》たちはあちこちで動物《どうぶつ》の支援《しえん》をしてますけど、どのシェルターも、いつ爆撃《ばくげき》されるか、わからない状況《じょうきょう》ですからね」

デニスは、苦《くる》しそうに言《い》った。

「本当《ほんとう》に犬《いぬ》たちのことを考《かんが》えるなら、ポーランドへ連《つ》れていくのがいいでしょうね。ポーランドなら、犬《いぬ》たちが、こんな理不尽《りふじん》な爆撃《ばくげき》にあうことは、ありませんから」

ポーランド？

聞《き》いたことのある言葉《ことば》に、ぼくは耳《みみ》をピンと立《た》てた。

ソフィアのパパやママが話《はな》していたときに、出《で》ていた言葉《ことば》だ。

たしか、となりの国《くに》……だよね？

ソフィアとママの、目的地《もくてきち》だったはずだ。

「犬《いぬ》たちは、住《す》み慣《な》れた故郷《こきょう》を離《はな》れるのは、さびしいかもしれません。それでも、彼《かれ》らの幸《しあわ》せを祈《いの》るなら、ポーランドに避難《ひなん》させるのが、一番《いちばん》だと思《おも》います。今《いま》なら、ポーランドでの受《う》け入《い》れ態勢《たいせい》もととのっていますから」

デニスの言葉《ことば》に、カテリーナはゆっくりとうなずいた。

「そうだね。ここにいるみんなを、一匹残《いっぴきのこ》らず、救《すく》いたい。その願《ねが》いを叶《かな》えるためには、ポーランドのシェルターへ預《あず》けるのが一番《いちばん》いいと、私《わたし》も思《おも》う。……デニス、手伝《てつだ》ってくれるかい？」

「ええ、よろこんで」

カテリーナの呼《よ》びかけに、デニスは笑顔《えがお》でこたえた。

……ああ、このシェルターから、旅立《たびだ》つときが来《き》たんだ。

カテリーナの元《もと》を去《さ》るのはさびしかった。

冬《ふゆ》は寒《さむ》いけれど、あたたかい暖炉《だんろ》にあたってすごした、幸《しあわ》せな思《おも》い出《で》のあるウクライナを離《はな》れるのは、すごくさみしい。

でも、さみしいと同時《どうじ》に、小《ちい》さな希望《きぼう》が、胸《むね》にともる。

だって、ポーランドには、もしかしたらソフィアがいるかもしれないから。

マルコにたくされた思《おも》いを、果《は》たせるかもしれないから。

だいじょうぶ。ぼくはまだ、前《まえ》を向《む》いて生《い》きていく。

10　また会《あ》えるよね

その日《ひ》は、旅立《たびだ》ちにふさわしい、澄《す》んだ青空《あおぞら》が広《ひろ》がっていた。

ぼくたちはデニスたちに手助《てだす》けしてもらって、ポーランドのシェルターに移動《いどう》することになったんだ。

ぼくたちを見送《みおく》るために、カテリーナたちが門《もん》の前《まえ》にせいぞろいしている。

カテリーナは、ぼくの前《まえ》にかがみこんで、

「サーシャに渡《わた》す物《もの》があるんだ」

そう言《い》って、ポケットから、首輪《くびわ》を取《と》り出《だ》した。

ソフィアからもらった、あの、赤《あか》い首輪《くびわ》だ。

ちぎれそうだったはずなのに、きれいに縫《ぬ》いあわせてある。

「直《なお》しといたよ。これなら、なくしたりはしないだろう？」

カテリーナは、そっとぼくの首《くび》に首輪《くびわ》を着《つ》けてくれる。

「サーシャの飼《か》い主《ぬし》は、とってもセンスがいいんだね。その首輪《くびわ》、ほんとうによく似合《にあ》ってるよ」

にかっと笑《わら》うその顔《かお》を見《み》るのは、もう、最《さい》後《ご》になるのかもしれない。

ソフィアがぼくに贈《おく》ってくれて、トミーがカテリーナにたくしてくれた、赤《あか》い首輪《くびわ》。

この赤《あか》い首輪《くびわ》は、ぼくの命《いのち》、そのものみたいなものだ。

ぼくは、その足下《あしもと》にすり寄《よ》って、「くぅう

うん」と鳴《な》いた。

「サーシャ……、本当《ほんとう》にさみしくなるね。でも、前《まえ》を向《む》かなきゃ。あなたたちの小《ちい》さな命《いのち》を救《すく》いたいという人《ひと》は、世界中《せかいじゅう》にたくさんいる。あなたたちは、どこへ行《い》っても、幸《しあわ》せに暮《く》らすんだ」

声《こえ》は明《あか》るかったけれど、目元《めもと》ににじむ涙《なみだ》はかくせていなかった。

ぼくは、カテリーナを見《み》つめて「わんわん！」と吠《ほ》えた。

ありがとう、カテリーナ！

ぼくの気持《きも》ち、届《とど》いたかな？

届《とど》いてればいいな。

「ありがとうね。サーシャ……」

カテリーナは、ぼくの頭《あたま》をなでてくれた。

「元気《げんき》でね」

「幸《しあわ》せになるんだよ」

「ポーランドでも、きっとだいじょうぶだから！」

ワゴンに乗《の》り込《こ》むぼくらに向《む》けて、スタッフのみんなは、そろってやさしい声《こえ》をかけてくれる。

カテリーナたちと出会《であ》って、いっしょに過《す》ごせて、良《よ》かった。

ぼくたちはケージに入《い》れられ、ワゴン車《しゃ》に乗《の》せられた。


ブロロロロッ！


エンジン音《おん》が響《ひび》き、車《くるま》がゆっくりと動《うご》き出《だ》す。

窓《まど》の外《そと》では、カテリーナたちが、ぼくたちに大《おお》きく手《て》を振《ふ》り続《つづ》けてくれている。

「カテリーナ……ありがとう……」

ぼくは小《ちい》さく遠《とお》ざかっていく、カテリーナの姿《すがた》を見《み》つめ続《つづ》けた。

さよなら、みんな。

さよなら、ウクライナ。

ぼくはソフィアの赤《あか》い首輪《くびわ》といっしょに、ウクライナを旅立《たびだ》つよ。

ぼくは心《こころ》の中《なか》でつぶやいた。

◆◆◆

ワゴン車《しゃ》は、となりの国《くに》・ポーランドへの道《みち》を進《すす》んでいる。
ぼくの頭《あたま》の中《なか》には、ずっとソフィアのことが浮《う》かんでいた。
「サーシャ、大好《だいす》き！」
って言《い》ってくれたときの笑顔《えがお》。
ぼくをなでるやさしい手《て》。
抱《だ》きしめてくれたぬくもり。
ポーランドで、また、きっと会《あ》えるよね？
ワゴン車《しゃ》が進《すす》むたびに、ソフィアへの思《おも》いがつのっていく。
やがて——。

ガチャッ！

後部座席《こうぶざせき》の扉《とびら》が開《ひら》かれた。

ワゴン車《しゃ》を運転《うんてん》していたデニスや、スタッフの人《ひと》たちが、ぼくたちのケージを降《お》ろしていく。

「ここが、ウクライナとポーランドの国境《こっきょう》だよ」

ここが、国境《こっきょう》。

ソフィアとママが、目指《めざ》していた場所《ばしょ》なんだ。

「きみたちがポーランドに行《い》くためには、『動物《どうぶつ》パスポート』が必要《ひつよう》なんだ。これから、パスポート発行《はっこう》のために、必要《ひつよう》な手続《てつづ》きを進《すす》めていくからね」

知《し》らない場所《ばしょ》で降《お》ろされて、不安《ふあん》そうにしているぼくたちに説明《せつめい》するように、デニスが話《はな》してくれた。

そこには、たくさんのテントが立《た》っていた。

ぜんぶ、ウクライナから、安全《あんぜん》なとなりの国《くに》・ポーランドへ行《い》く人《ひと》の、手助《てだす》けをするためのものなんだって。

あったかいごはんが食《た》べられるテント。

ケガをしている人《ひと》が、治療《ちりょう》を受《う》けられるテント。

子《こ》どもを連《つ》れたお母《かあ》さんのためのテント。

動物《どうぶつ》たちが保護《ほご》されているテントもあった。

そこには、世界中《せかいじゅう》から、『戦争《せんそう》で困《こま》っているぼくたち動物《どうぶつ》を助《たす》けたい』という思《おも》いでやってきた、獣医《じゅうい》さんや、ボランティアの人《ひと》たちがいる。

トミーやカテリーナだけじゃない。ぼくたちの、小《ちい》さな命《いのち》を助《たす》けてくれる人《ひと》は、世界中《せかいじゅう》に本当《ほんとう》にたくさんいるんだ。


ぼくたちはデニスたちに連《つ》れられて、とあるテントの中《なか》に入《はい》った。

テントに入《はい》ると、たくさんの人《ひと》や動物《どうぶつ》がいた。

ここは、パスポートの発行《はっこう》に必要《ひつよう》な、ワクチンっていうものを注射《ちゅうしゃ》するテントなんだって。

「国《くに》をまたいで移動《いどう》するときに、行《い》った先《さき》へ病気《びょうき》を持《も》っていってしまったり、逆《ぎゃく》に、行《い》った先《さき》で知《し》らない病気《びょうき》にかかってしまったら、大変《たいへん》でしょう？　だから、移動《いどう》をする前《まえ》に、ワクチンを打《う》って、予防《よぼう》しておくのよ」

ぼくのケージを運《はこ》んでくれた人《ひと》が、そう教《おし》えてくれた。

動物《どうぶつ》たちは、順番《じゅんばん》にワクチンを打《う》たれてゆく。

「このテントで注射《ちゅうしゃ》をしているのは、ポーランドから集《あつ》まった獣医《じゅうい》さんたちよ」

戦争《せんそう》がはじまって、ウクライナで大変《たいへん》な目《め》にあっている動物《どうぶつ》たちが国外《こくがい》へ脱出《だっしゅつ》できるようにと、ポーランド中《じゅう》から、国境《こっきょう》に獣医《じゅうい》さんが集《あつ》まったんだそうだ。

となりの国《くに》・ポーランドの人《ひと》たちも、ぼくたちを救《すく》おうと、いろんなことを考《かんが》えて、行《こう》動《どう》してくれてるんだ。

チクッ！

ぼくの番《ばん》がやってきて、注射《ちゅうしゃ》される。

いてててっ！

ぼくは泣《な》きそうだったけど、がまんしたよ。

「泣《な》かなかったね！　えらいね、子犬《こいぬ》ちゃん！」

獣医《じゅうい》さんは、ぼくの頭《あたま》をなでてやさしく笑《わら》ってくれた。


ワクチンを打《う》って、検査《けんさ》をして……。

「ほら、これがサーシャの動物《どうぶつ》パスポートだよ！」

いろんな手続《てつづ》きを一気《いっき》に済《す》ませて、ケージを運《はこ》んでくれた人《ひと》が、ぼくのパスポートを見《み》せてくれた。

「このパスポートがあれば、ヨーロッパの国《くに》だったら、だいたい自由《じゆう》に出入《でい》りできるからね」

青《あお》い表紙《ひょうし》のパスポート。

中《なか》には、たくさんの文字《もじ》が書《か》かれ、スタンプが押《お》してある。

これが、

「ワクチンを打《う》ちました」

「検査《けんさ》を受《う》けました」

っていう、証明《しょうめい》になるんだね。

◆
◆
◆

ぼくのケージは、再《ふたた》びワゴン車《しゃ》に乗《の》せられた。

さっきと同《おな》じ車《くるま》だけど、ウクライナの別《べつ》のシェルターからやってきた仲間《なかま》たちが加《くわ》わって、顔《かお》ぶれが少《すこ》しだけ変《か》わっていた。

みんな、目的地《もくてきち》は同《おな》じ、ポーランドの保護《ほご》シェルターだ。

「君《きみ》の名前《なまえ》、サーシャっていうのかい？」

ふいに、ぼくの正面《しょうめん》のケージに入《はい》った、大柄《おおがら》な犬《いぬ》が話《はな》しかけてきた。

「うん……そうだけど？」

なんで、ぼくの名前《なまえ》を知《し》ってるんだろう。

「さっき、車《くるま》に乗《の》り込《こ》むときに、スタッフさんが、君《きみ》の名前《なまえ》を呼《よ》ぶのが聞《き》こえたんだ」

「そうだったんだね！」

じゃあ、きみの名前《なまえ》も教《おし》えて？

……そう聞《き》き返《かえ》そうとしたぼくに、その犬《いぬ》は、話《はなし》を続《つづ》けた。

「俺《おれ》がいた保護《ほご》シェルターでの話《はなし》なんだけどな、君《きみ》と同《おな》じ名前《なまえ》の子犬《こいぬ》を探《さが》している、女《おんな》の子《こ》を見《み》たんだ。その子《こ》、ずっと、サーシャ……！　サーシャ……！　サーシャはいませんか？　って言《い》っていて……」

ぼくの心臓《しんぞう》が、ドキン、ドキンと早鐘《はやがね》を打《う》った。

「女《おんな》の子《こ》……、それって、もしかして……ソフィア？」

「ソフィアってのは、君《きみ》の飼《か》い主《ぬし》かい？」

「うん！」

「あいにく俺《おれ》には、その子《こ》の名前《なまえ》はわからないな。ただ、すごく必死《ひっし》なのが伝《つた》わってきて、心《こころ》に残《のこ》ったんだ。自分《じぶん》の飼《か》っていた犬《いぬ》を探《さが》してるんだって言《い》っていたよ。戦争《せんそう》が始《はじ》まって、避難《ひなん》してたときに、はぐれてしまったんだって」

きっと、ソフィアだ。

ソフィアがぼくを探《さが》してくれている。

ソフィアは、無事《ぶじ》だったんだ！

「教《おし》えてくれて、ありがとう」

お礼《れい》を言《い》うと、大柄《おおがら》な犬《いぬ》は、ちょっと照《て》れたように言《い》った。

「いや、伝《つた》えられて、よかったよ。いつか、会《あ》えるといいな。ソフィアに」

「うん！」

ソフィアは、あのドライブインから、ちゃんと逃《に》げていたんだね。

パパやママといっしょに、ぼくとまた会《あ》える日《ひ》を、信《しん》じてくれてるんだね。

「ソフィア……ぼくはぜったいに会《あ》いに行《い》くからね」

ぼくはソフィアにもらった首輪《くびわ》に、そっと触《ふ》れた。

◆
◆
◆

そんな話《はなし》を、聞《き》いたからかな。

ぼくは、いつもよりはっきりと、ソフィアの夢《ゆめ》を見《み》た。

真《ま》っ青《さお》な空《そら》に、まぶしい日差《ひざ》し。

あたり一面《いちめん》に、黄色《きいろ》い、大《おお》きな、『ひまわり』の花《はな》が咲《さ》いている。

「サーシャ、約束《やくそく》だったよね、パパの車《くるま》で、ひまわり畑《ばたけ》につれてってもらおうねって」

少《すこ》しはなれたところでは、車《くるま》から降《お》りてきたパパとママが、笑顔《えがお》でぼくとソフィアを見《み》守《まも》っている。

「サーシャと、パパとママといっしょに行《い》きたいところが、ほかにもたくさんあるんだ。だから、これからも、ずっといっしょだよ！」

そう言《い》って、ソフィアはぼくをぎゅっと抱《だ》きしめた。

あったかくて、やわらかい、ソフィアの腕《うで》。

うん、約束《やくそく》だよ、ずっといっしょだよ……。

◆◆◆

やがて、車《くるま》はポーランドのシェルターに到《とう》着《ちゃく》した。

ぼくたちのケージが、芝生《しばふ》のうえに降《お》ろされた。

「ようこそ、ポーランドへ。いらっしゃい」

そう声《こえ》をかけてもらって、ケージの扉《とびら》が開《あ》け放《はな》たれる。

ぼくはポーランドの地面《じめん》に、一歩《いっぽ》ずつ、足《あし》を下《お》ろした。

冷《つめ》たい風《かぜ》がぼくの毛《け》をゆらした。

空《そら》を見上《みあ》げると、どこまでも広《ひろ》がる青空《あおぞら》が、ぼくの目《め》に映《うつ》る。

その青《あお》い空《そら》は、夢《ゆめ》で見《み》た、ひまわりの花《はな》が咲《さ》いていて、ソフィアがぼくを抱《だ》きしめてくれた、あの空《そら》につながっている気《き》がした。

いつか、ソフィアに会《あ》えたら。

これまでぼくが出会《であ》った、すべての人《ひと》の話《はなし》をしようと思《おも》う。

トミーやカテリーナ。

デニスや、国境《こっきょう》の獣医《じゅうい》さん……。

ぼくを助《たす》けてくれた、すべての人《ひと》たちのことを。

そのためにも、ぼくは生《い》きよう。

どんなに遠《とお》く離《はな》れていても、生《い》きていれば、ソフィアに会《あ》える日《ひ》は、必《かなら》ず来《く》る。

ぼくはそう信《しん》じて、この命《いのち》で、生《い》き抜《ぬ》こうと心《こころ》に誓《ちか》った。

遠《とお》くから、風《かぜ》にのって戦争《せんそう》の音《おと》がかすかに聞《き》こえた気《き》がした。

戦争《せんそう》は、いつ終《お》わるかわからない。

明日《あした》のことだって、わからない。

でも、どんなに先《さき》の見《み》えない暗闇《くらやみ》の中《なか》でも、希望《きぼう》の光《ひかり》だけは、ぜったいに捨《す》てない。
顔《かお》を上《あ》げて、息《いき》をすいこんで。
想《おも》いをのせて、力強《ちからづよ》く空《そら》へと吠《ほ》えた。

「ソフィア！　ソフィア――――！」

どうか、ぼくの声《こえ》が、ソフィアに届《とど》きますように。

同《おな》じ空《そら》の下《した》にいれば、きっとまた会《あ》える。
ぼくは強《つよ》く信《しん》じて、何度《なんど》も何度《なんど》も、強《つよ》く吠《ほ》え続《つづ》けた。

伝《つた》えることの大切《たいせつ》さ

みなさん、初《はじ》めまして。この物語《ものがたり》の元《もと》になった映画《えいが》『犬《いぬ》と戦争《せんそう》　ウクライナで私《わたし》が見《み》たこと』の監督《かんとく》の山田《やまだ》あかねです。私《わたし》はドキュメンタリーを作《つく》っています。「ドキュメンタリー」って何《なに》か、わかりますか？　それは本当《ほんとう》にあったことを記録《きろく》することです。毎日《まいにち》、世界《せかい》ではいろいろな出来事《できごと》が起《お》こります。戦争《せんそう》が始《はじ》まったり、大《おお》きな地震《じしん》があったり。悪《わる》いことばかりじゃなくて、誰《だれ》かがすてきな人《ひと》と出会《であ》ったり、赤《あか》ちゃんが生《う》まれたり。そういう本当《ほんとう》にあったことを現場《げんば》に行《い》って、撮影《さつえい》し、話《はなし》を聞《き》いてつくる作品《さくひん》をドキュメンタリーといいます。

二〇二二年《ねん》二月《がつ》、ロシアがウクライナに侵攻《しんこう》しました。戦車《せんしゃ》が国境《こっきょう》を越《こ》え、ミサイルが建物《たてもの》や人々《ひとびと》を爆破《ばくは》しました。その様子《ようす》をテレビで見《み》ていた私《わたし》は、悲《かな》しくなりました。たくさんの人《ひと》が犠牲《ぎせい》になっている。きっと犬《いぬ》や猫《ねこ》も命《いのち》を落《お》としている。現地《げんち》に行《い》って、そのことを記録《きろく》したい、世界《せかい》に伝《つた》えたい。大学時代《だいがくじだい》にロシア文学《ぶんがく》を専攻《せんこう》したので、ほんの少《すこ》しロシア語《ご》ができます。ロシアとウクライナはひとつの国《くに》だった時代《じだい》もあり、文化《ぶんか》も似《に》ている。

行《い》こう、そう決《き》めました。とはいえ、一人《ひとり》では怖《こわ》かったので、友人《ゆうじん》のカメラマンに相談《そうだん》しました。

「死《し》ぬかもしれないけど、一緒《いっしょ》に行《い》ってくれる？」

「いいよ、俺《おれ》も行《い》きたいと思《おも》っていた」

彼《かれ》はすぐにＯＫしてくれました。これまで福島《ふくしま》の原発《げんぱつ》二十キロ圏内《けんない》に入《はい》ったり、能登半《のとはん》島地震《とうじしん》の被災地《ひさいち》に通《かよ》ったりしてきた仲間《なかま》です。初《はじ》めて遺書《いしょ》を書《か》き、四月半《がつなか》ば、日本《にほん》を出発《しゅっぱつ》しました。

ウクライナの隣《となり》の国《くに》、ポーランドに着《つ》いてびっくりしたのは、たくさんの動物愛護団体《どうぶつあいごだんたい》が来《き》ていたことです。国境近《こっきょうちか》くの避難所《ひなんじょ》では、ウクライナから避難《ひなん》して来《き》た犬《いぬ》や猫《ねこ》のために、フード、ケージ、薬《くすり》などが無料《むりょう》で配《くば》られていました。フランス、ドイツ、イギリス、アメリカなど、世界中《せかいじゅう》からボランティアが駆《か》け付《つ》けていました。もちろん、避難所《ひなんじょ》では犬《いぬ》や猫《ねこ》と一緒《いっしょ》に過《す》ごすことができます。

戦争《せんそう》のような一大事《いちだいじ》でも、犬《いぬ》や猫《ねこ》を見捨《みす》てない、犬《いぬ》や猫《ねこ》と一緒《いっしょ》に避難《ひなん》できる……嬉《うれ》しい驚《おどろ》きでした。

ウクライナへは歩《ある》いて国境《こっきょう》を越《こ》えましたが、逃《に》げてくる人《ひと》は列《れつ》をなしていましたが、入国《にゅうこく》する人《ひと》はわずか。最初《さいしょ》に行《い》ったリビウという都市《とし》では、レストランもホテルも開《あ》いていて、一見平和《いっけんへいわ》でしたが、「空襲警報《くうしゅうけいほう》」が鳴《な》り響《ひび》き、初《はじ》めて戦争《せんそう》を実感《じっかん》しました。

この頃《ころ》、ウクライナの首都《しゅと》キーウはロシア軍《ぐん》に占領《せんりょう》され、シェルターでは、二百匹以上《ぴきいじょう》の犬《いぬ》が犠牲《ぎせい》になりました。いったい犬《いぬ》たちに何《なに》が起《お》きたのか、それがわかるまで取材《しゅざい》を続《つづ》ける決心《けっしん》をし、三年間《ねんかん》、ウクライナに通《かよ》いました。その過程《かてい》で、この物語《ものがたり》のモデルになった人《ひと》たちと出会《であ》いました。ロシア軍《ぐん》に占領《せんりょう》されても犬《いぬ》たちを見捨《みす》てなかったゴストメルのシェルター、激戦地《げきせんち》まで行《い》って、犬《いぬ》や猫《ねこ》を救《すく》い出《だ》す元《もと》イギリス軍兵士《ぐんへいし》、ウクライナの動物《どうぶつ》のために支援《しえん》を続《つづ》けるポーランドの愛護団体《あいごだんたい》など。戦争《せんそう》は悲惨《ひさん》でひどいことだらけでしたが、それでも、自分《じぶん》の身《み》を危険《きけん》にさらしても、犬《いぬ》や猫《ねこ》を助《たす》けようとする人《ひと》たちがいることに勇気《ゆうき》づけられました。戦争《せんそう》をするのも人間《にんげん》、救《すく》おうとするのも人間《にんげん》です。そういう人《ひと》たちがいることを伝《つた》えなければと強《つよ》く思《おも》いました。

その過程《かてい》を sippo《シッポ》（朝日新聞社《あさひしんぶんしゃ》が運営《うんえい》する web サイト）に書《か》いたことがきっかけで、この本《ほん》ができました。

みなさんにウクライナの犬《いぬ》や猫《ねこ》に何《なに》があったか、戦争《せんそう》とはどういうことなのかを少《すこ》しでも伝《つた》えることができたなら嬉《うれ》しいです。知《し》らなければ、なかったことになるからです。もっと知《し》りたいと思《おも》った方《かた》はどうぞ私《わたし》の映画《えいが》を見《み》てください。

世界《せかい》が一刻《いっこく》も早《はや》く、平和《へいわ》になりますように。

山田《やまだ》あかね

あとがき

はじめまして、この小説《しょうせつ》を書《か》いた舟崎泉美《ふなさきいずみ》です。

最後《さいご》まで読《よ》んでくださり、ありがとうございます。

子《こ》どもの頃《ころ》から犬《いぬ》が大好《だいす》きな私《わたし》は、今回《こんかい》の小説《しょうせつ》のお話《はなし》をいただいたとき、戦争《せんそう》の中《なか》でも頑張《がんば》って生《い》きる犬《いぬ》たちの姿《すがた》を書《か》いてみたいと思《おも》いました。

その一方《いっぽう》で、本当《ほんとう》に書《か》けるのか不安《ふあん》に思《おも》う気持《きも》ちもありました。

それは、いつもネットやテレビで目《め》にする戦争中《せんそうちゅう》のウクライナの情報《じょうほう》のほとんどが、人間《にんげん》のことばかりだからです。人間《にんげん》が、どのように戦《たたか》っているか、どのように避難《ひなん》しているかを見《み》る機会《きかい》はありますが、ウクライナの動物《どうぶつ》たちが、戦争中《せんそうちゅう》にどんな暮《く》らしをしているのかを目《め》にする機会《きかい》はほとんどありません。

不安《ふあん》はありながらも、書《か》くならば、きちんと犬《いぬ》たちの今《いま》を知《し》ったうえで書《か》かなければいけないと思《おも》いながら取材《しゅざい》をはじめました。

本作《ほんさく》は、ドキュメンタリー映画《えいが》『犬《いぬ》と戦争《せんそう》　ウクライナで私《わたし》が見《み》たこと』のノベライズです。ただし、ノベライズとはいえ、映画《えいが》をそのまま小説化《しょうせつか》したわけではなく、映画本編《えいがほんぺん》と実際《じっさい》にウクライナへ行《い》って取材《しゅざい》をした山田《やまだ》あかね監督《かんとく》のお話《はなし》を元《もと》に、小説《しょうせつ》へと再構成《さいこうせい》しています。

私《わたし》は山田監督《やまだかんとく》への取材《しゅざい》を通《とお》して、戦争《せんそう》が犬《いぬ》たちに深《ふか》い傷《きず》を残《のこ》していることを知《し》りました。シェルターにいながらもミサイルの攻撃《こうげき》に遭《あ》ってしまった犬《いぬ》たち、一ヶ月《かげつ》もの間《あいだ》、水《みず》もエサも与《あた》えられずシェルターに閉《と》じ込《こ》められた犬《いぬ》たち、戦争《せんそう》でダムが破壊《はかい》され水浸《みずびた》しになった町《まち》に住《す》む犬《いぬ》たち……。

そして、どんな場所《ばしょ》にも動物《どうぶつ》たちの小《ちい》さな命《いのち》を救《すく》おうとする人々《ひとびと》がいることも知《し》りました。犬《いぬ》たちの今《いま》を知《し》るごとに書《か》かなければいけないという気持《きも》ちが膨《ふく》らみ、いつの間《ま》にか本当《ほんとう》に書《か》けるのかという不安《ふあん》を消《け》すほどに強《つよ》くなっていました。

サーシャは実在《じつざい》しないけれど、サーシャが体験《たいけん》したことは事実《じじつ》です。戦争《せんそう》という厳《きび》しい現実《げんじつ》の中《なか》でも、小《ちい》さな命《いのち》を守《まも》ろうとする人々《ひとびと》の優《やさ》しさや希望《きぼう》は確《たし》かにあります。そのことを、本作《ほんさく》を通《とお》してみなさんに知《し》っていただければと思《おも》います。

最後《さいご》に、この本《ほん》を作《つく》るにあたって、多《おお》くの方《かた》にお世話《せわ》になりました。

ウクライナへ何度《なんど》も足《あし》を運《はこ》び、犬《いぬ》たちの現状《げんじょう》を伝《つた》えてくれた、山田《やまだ》あかね監督《かんとく》。

二人三脚《ににんさんきゃく》で一緒《いっしょ》に物語《ものがたり》をつくってくださった、担当編集《たんとうへんしゅう》さん。

かわいらしいサーシャを描《えが》いてくださったイラストレーターのあやかさん。

角川《かどかわ》つばさ文庫編集部《ぶんこへんしゅうぶ》のみなさん。

ウクライナで日々《ひび》、動物《どうぶつ》たちを助《たす》けている全《すべ》ての方々《かたがた》に感謝《かんしゃ》の気持《きも》ちを伝《つた》えたいと思《おも》います。

そして、この本《ほん》を手《て》に取《と》って読《よ》んでくれたみなさんも、ありがとうございます！

この物語《ものがたり》を読《よ》んで、動物《どうぶつ》たちの気持《きも》ちに少《すこ》しでも寄《よ》り添《そ》っていただけたならうれしいです。

また、戦争《せんそう》や平和《へいわ》について考《かんが》えるきっかけになればと思《おも》います。

私自身《わたしじしん》も本作《ほんさく》を執筆《しっぴつ》し、改《あらた》めて戦争《せんそう》について考《かんが》えさせられました。

世界《せかい》が平和《へいわ》になることを心《こころ》より祈《いの》っています。

舟崎泉美《ふなさきいずみ》

編集部《へんしゅうぶ》からみなさんへ

二〇二二年《ねん》二月《がつ》二十四日《か》、東《ひがし》ヨーロッパの国《くに》・ウクライナは、ロシアの軍事侵攻《ぐんじしんこう》を受《う》けました。この侵攻《しんこう》は、この文章《ぶんしょう》を書《か》いている二〇二四年《ねん》十一月末現在《がつまつげんざい》も続《つづ》いていて、人《ひと》と動物《どうぶつ》のたくさんの命《いのち》が、今《いま》なお危険《きけん》にさらされています。

本作《ほんさく》は、侵攻《しんこう》を受《う》けたウクライナへ向《む》かい、現地《げんち》での動物《どうぶつ》の保護《ほご》をとらえたドキュメンタリー映画《えいが》『犬《いぬ》と戦争《せんそう》　ウクライナで私《わたし》が見《み》たこと』と、映画《えいが》を制作《せいさく》された山田《やまだ》あかね監督《かんとく》への取材《しゅざい》のもと、執筆《しっぴつ》されました。

作中《さくちゅう》で犬《いぬ》たちに起《お》きた悲《かな》しい出来事《できごと》は、ウクライナで実際《じっさい》に起《お》きたことをもとに描《えが》かれています。

98ページの「お姉《ねえ》さん犬《いぬ》」の話《はな》していた洪水《こうずい》は南部《なんぶ》のヘルソン州《しゅう》で、99ページで「大《おお》きなたくましい黒《くろ》い犬《いぬ》」が話《はな》していた『犬《いぬ》たちがシェルターに一ヶ月間閉《かげつかんと》じ込《こ》められていた事件《じけん》』は、キーウ近郊《きんこう》のボロディアンカという町《まち》で、『8　おそいかかる爆撃《ばくげき》』で描《えが》かれたシェルターの爆撃《ばくげき》は、同《おな》じくキーウ近郊《きんこう》のゴストメルで起《お》こったことです。

また、作中《さくちゅう》で、動物《どうぶつ》たちを救《すく》うために活動《かつどう》していた人々《ひとびと》も、実在《じつざい》しています。

激《はげ》しい戦闘《せんとう》の起《お》こっている前線《ぜんせん》へ向《む》かい、サーシャを救《すく》った「トミー」は、イギリスの動物保護団体《どうぶつほごだんたい》「ブレイキング・ザ・チェイン」を設立《せつりつ》した、トム氏《し》をモデルにしています。彼《かれ》の姿《すがた》に共感《きょうかん》した兵士《へいし》たちも「ブレイキング・ザ・チェイン」のもとに集《あつ》まり、トム氏《し》とともに危険《きけん》な戦地《せんち》に向《む》かい、今《いま》も動物《どうぶつ》を救《すく》い続《つづ》けています。

カテリーナも、ゴストメルで私設《しせつ》シェルターを運営《うんえい》している方《かた》をもとにして描《えが》かれました。デニスのように、保護団体同士《ほごだんたいどうし》で協力《きょうりょく》しあって支援物資《しえんぶっし》を届《とど》ける活動《かつどう》も、続《つづ》けられています。

サーシャがポーランドへ向《む》かうために必要《ひつよう》だった『動物《どうぶつ》パスポート』の発行《はっこう》のために、ポーランド中《じゅう》の獣医師《じゅういし》さんが国境《こっきょう》に集《あつ》まったというお話《はなし》も、侵攻直後《しんこうちょくご》に本当《ほんとう》にあったことです。このパスポートを発行《はっこう》された動物《どうぶつ》たちは、EU《イーユー》諸国《しょこく》であれば自由《じゆう》に移動《いどう》することが可能《かのう》になりました。

それだけではありません。ウクライナの国境《こっきょう》には、犬《いぬ》や猫《ねこ》のためのフードや移動《いどう》のためのケージ、医療《いりょう》を無料《むりょう》で提供《ていきょう》するために、世界各国《せかいかっこく》からさまざまな愛護団体《あいごだんたい》が集《あつ》まりました。

悲惨《ひさん》な戦争《せんそう》の中《なか》にあっても、命《いのち》をかけて、動物《どうぶつ》たちの小《ちい》さな命《いのち》を守《まも》る人《ひと》たちが、世界中《せかいじゅう》にいるのです。

この本《ほん》を通《つう》じて、みなさんが戦争《せんそう》と平和《へいわ》のこと、動物《どうぶつ》のこと、そして、動物《どうぶつ》を救《すく》い続《つづ》けている人《ひと》たちのことを知《し》り、命《いのち》について考《かんが》えてくださることを願《ねが》っています。

角川《かどかわ》つばさ文庫編集部《ぶんこへんしゅうぶ》

この本《ほん》を作《つく》るにあたって
たくさんの方《かた》にお力《ちから》添《ぞ》えをいただきました

映画《えいが》『犬《いぬ》と戦争《せんそう》 ウクライナで私《わたし》が見《み》たこと』

スタッフのみなさん

監督《かんとく》

山田《やまだ》あかねさん

製作《せいさく》

四宮隆史《しのみやたかし》さん

撮影《さつえい》

谷茂岡稔《やもおかみのる》さん

編集《へんしゅう》

前嶌健治《まえじまけんじ》さん

コーディネーター

黒木高志《くろきたかし》さん、**マレク・マティヤンカ**さん、**松崎由美子《まつざきゆみこ》**さん

通訳《つうやく》

桑島《くわじま》 生《いくる》さん、**ナタリア・ガイダイエンコ**さん

プロデューサー

長井《ながい》 龍《りょう》さん、**遠田孝一《とおだこういち》**さん

・・・・・・・

犬《いぬ》と猫《ねこ》の情報《じょうほう》サイト「sippo《シッポ》」

https://sippo.asahi.com/

みなさんのご協力《きょうりょく》とご助言《じょげん》に、心《こころ》より御礼《おんれい》を申《もう》し上《あ》げます

ありがとうございました

角川つばさ文庫

舟崎泉美／作
小説家、脚本家。第1回本にしたい大賞を受賞、小説家デビュー。児童書作品に「Vチューバー探偵団」シリーズ（朝日新聞出版）などがある。

山田あかね／原案
東京都出身。テレビ番組のディレクター、ドラマの脚本、演出、小説家、映画監督として多くの作品を制作。主な作品に『犬に名前をつける日』（キノブックス刊／映画監督・脚本）、『犬部！』（朝日文庫刊／映画脚本）などがある。

あやか／挿絵
埼玉県出身。イラストレーター。動物関連書籍の挿絵などを手がける。

カバー写真 ©谷茂岡稔

角川《かどかわ》つばさ文庫《ぶんこ》

犬《いぬ》と戦争《せんそう》

がれきの町《まち》に取《と》り残《のこ》されたサーシャ

作《さく》　舟崎泉美《ふなさきいずみ》
原案《げんあん》　山田《やまだ》あかね
挿絵《さしえ》　あやか

2025年２月13日　初版発行

発行者　山下直久
発　行　株式会社KADOKAWA
　　　　〒102-8177　東京都千代田区富士見 2-13-3
　　　　電話　0570-002-301（ナビダイヤル）
印　刷　大日本印刷株式会社
製　本　大日本印刷株式会社
装　丁　ムシカゴグラフィクス

ISBN978-4-04-632350-7　C8295　　N.D.C.916　167p　18cm

読者のみなさまからのお便りをお待ちしています。下のあて先まで送ってね。
いただいたお便りは、編集部から著者へおわたしいたします。
〒102-8177　東京都千代田区富士見 2-13-3　角川つばさ文庫編集部